الدرر النحوية

على المنظومة الشبراوية

ويليه شرح البنا

المسمى نزهة الطرف ، فيما يتعلق بمعاني الصرف

تأليف العالم العلامة الشيخ

عبد القادر بن الشيخ عبد الله المجاوي الجليلي

الحسني

المدرس بالمدرسة الثعالبية في الجزائر

سنة ١٣٢٥
١٩٠٧

طبع في المطبعة الشرقية لبيير فونطانا بالجزائر

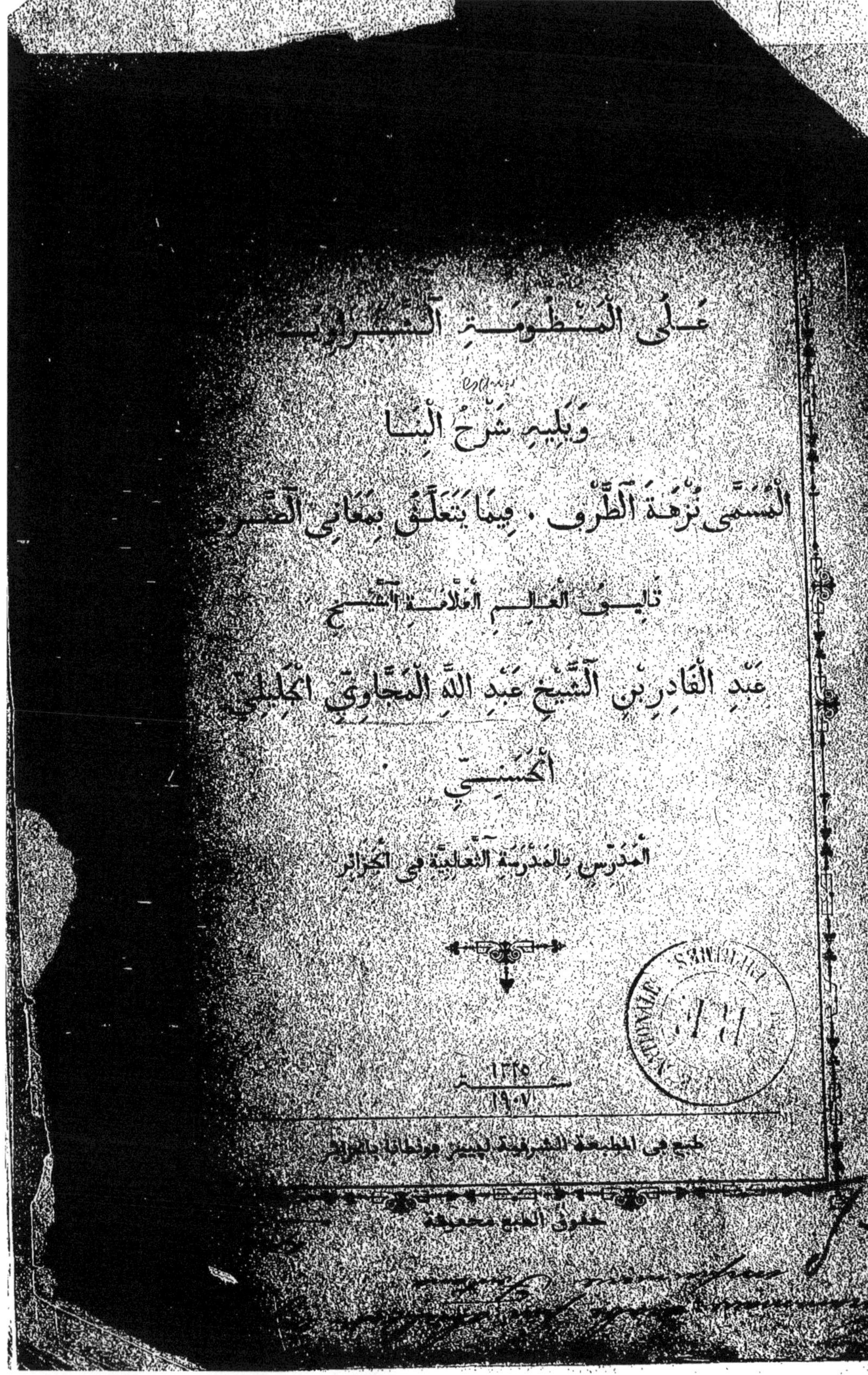

عـلى المنظومة [illegible]

ويليه شرح البنا

المسمى نزهة الطرف ، فيما يتعلق بمعاني الصرف

تأليف العالم العلامة الشيخ

عبد القادر بن الشيخ عبد الله المجاوي الجليلي

الحسني

المدرس بالمدرسة الثعالبية في الجزائر

سنة ١٣٢٥
١٩٠٧

طبع في المطبعة الشرقية لبيير فونطانا بالجزائر

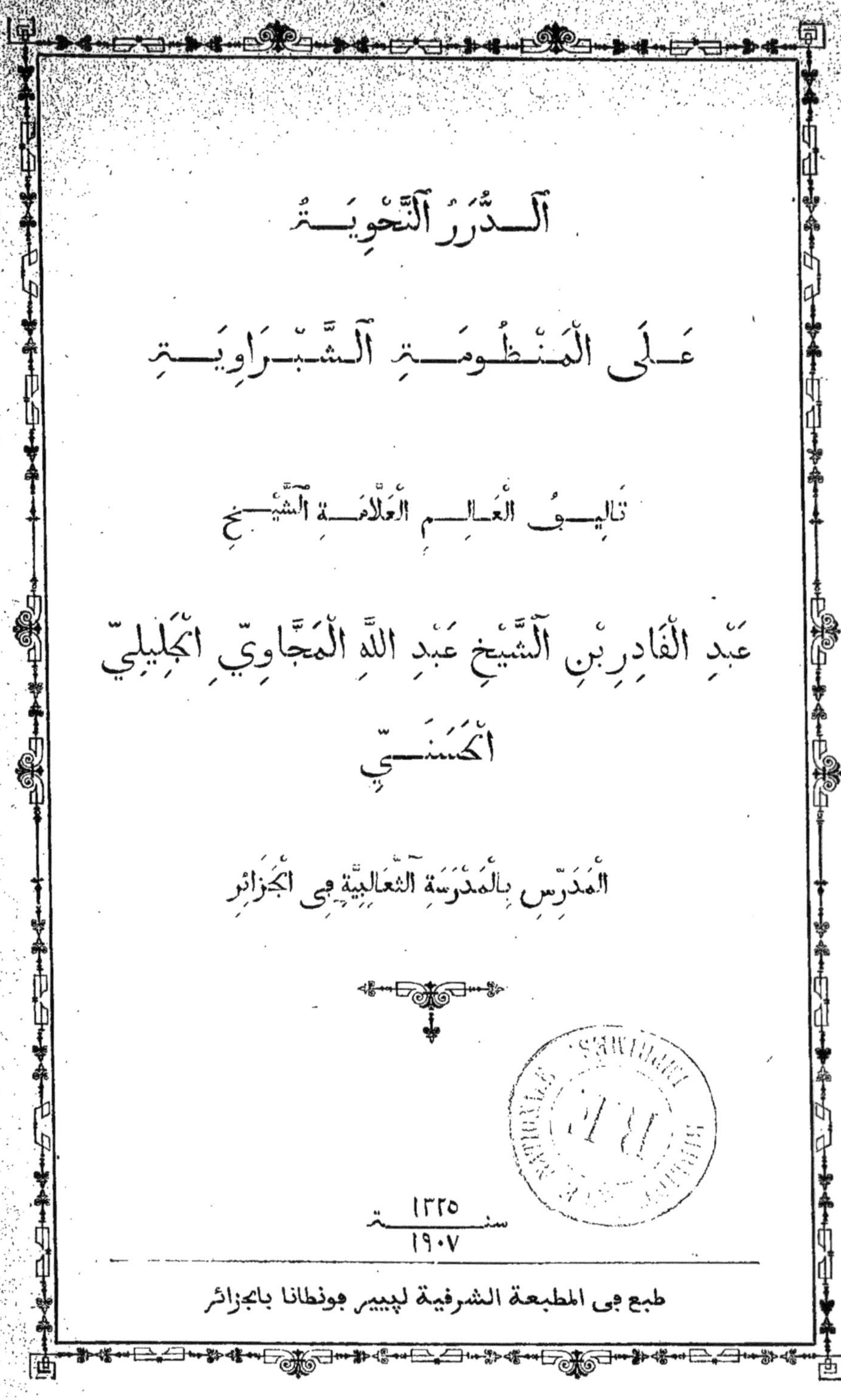

الدرر النحوية

على المنظومة الشبراوية

تأليف العالم العلامة الشيخ

عبد القادر بن الشيخ عبد الله المجاوي الجليلي

الحسني

المدرس بالمدرسة الثعالبية في الجزائر

سنة ١٣٢٥
١٩٠٧

طبع في المطبعة الشرقية لپيير فونطانا بالجزائر

(Ed douraroutt' nahouyatou..
Le Lait de la grammaire..

– Traité de grammaire arabe,
par Abd el Kader El Medjaoui

Alger, Fontana, 1325 (–1907)
In. 8°, 101 p.

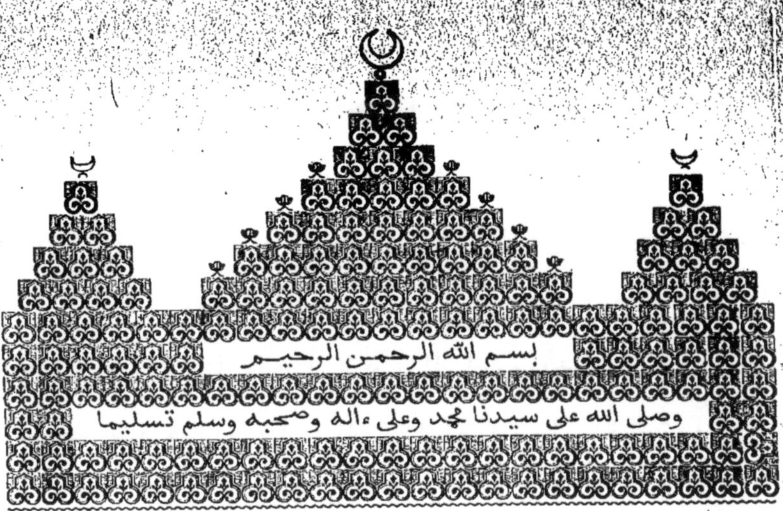

الحمد لله الذي رفع اهل اليقين * واولاهم اعلى عليين * والصلاة والسلام على صاحب كل فضيلة * سيدنا محمد ذي المفاخر الجزيلة * وعلى ءاله الكاملين * وصحابته الطاهرين * وبعد فيقول المعترف بالذنوب والمساوي * عبد القادر بن عبد الله المجاوي * هذه كلمات قليلة * محتوية على فوائد جليلة * لمنظومة العلامة الكامل * الشيخ الشبراوي صاحب الفضائل * قصدت بها نفع العباد * لتكون لهم سبيلا الى الرشاد * جعلها الله سببا لنيل المقصود * انه هو الكريم الجواد الودود * قال المؤلف (بسم الله الرحمن الرحيم)

الكلام على البسملة شهير لا يحتاج الى ذكره ولكن لا يترك بالكلية تحصيلا للبركة * فينبغي لكل شارع في فن ان يتكلم عليها بطرف مناسب له * والشروع الان في النحو * فنتكلم عليها بما يناسبه . فنقول الباء في بسم الله حرف جر اما اصلي او زائد * والفرق بين الزائد والاصلي هو ان الزائد

لا يفيد معنى فى الكلام ولا يحتاج لعامل يتعلق به * والاصلى بخلافه وعلى انها اصلية فالمتعلق به اما ان يكون اسما او فعلا وكل منهما اما ان يكون عاما او خاصا * فهذه اربعة اقسام وكل منهما اما مقدما او مؤخرا فالاقسام ثمانية والاولى منها ان يكون فعلا خاصا مؤخرا اما كونه فعلا فلان الاصل فى العمل للافعال ولكثرة التصريح بالفعل كقوله تعلى اقرأ باسم ربك * وكقوله عليه الصلاة والسلام باسمك ربي وضعت جنبي . واما كونه خاصا فلمراعاة المقام لان كل شارع فى فن يضمر ما كانت التسمية مبدءا له فالآكل يضمر اكل والمؤلف يضمر اؤلف . واما كونه مؤخرا فلافادة الحصر لان تقديم المعمول يفيد الحصر وعلى ان الباء زائدة فاسم مبتدا مجرور بالباء الزائدة والخبر محذوف * والتقدير اسم الله مبدو به والاول اولى . واما اسم فمعناه لغة اللفظ المفرد الموضوع لمعنى فيعم الكلمات الثلاث الاسم والفعل والحرف . واما معناه عرفا فهو اللفظ المستقل بالمفهومية المجرد عن الزمان فيقابل الفعل والحرف ثم ان الناس قد اكثروا فى الاسم هل هو نفس المسمى ام لا وتحقيق ذلك ان حقيقة الاسم لغة وعرفا قد تقدمت وان التسمية جعل اللفظ دليلا على المعنى فهو مرادف للوضع وقد يراد به ذكر اللفظ فهذه اطلاقات ثلاث . واما المسمى فهو المعنى الذى وقع اللفظ بازائه ولا خفاء فى تغاير كل من الثلاثة فاذا اريد بالاسم لفظه فغيره قولان واذا اريد به مدلوله فهو غيره قطعا ووجه الابتداء به الاشارة الى ان التبرك والاستعانة ثابتة بجميع اسماء الله تعلى لان المفرد المعرف بالاضافة يفيد العموم كالجمع فمعنى بسم الله بكل اسم لله فالاسم بمعنى اللفظ واضافته للجلالة من اضافة الاسم الى المسمى

لامن اضافة العام للخاص لان مدلول الاول اللفظ ومدلول الثاني الذات العلية . واما لغات اسم فثمانية عشر جمعت في بيت

إِسْمٌ سِمٌ سُمًى سُماتٌ وَسُمَهْ * سَمَاءٌ ثَلِّثْهُنَّ نِلْتَ الْمَكْرُمَهْ

واما سبب حذف الفه خطا مع ان الاصل في كل كلمة ان تكتب على صورة لفظها فكثرة الاستعمال واتصال الباء بلفظ اسم وامتزاجها بها وقال بعضهم لا حذف وانما الباء داخلة على سم بكسر اوله او ضمه ثم سكن فرارا من توالي الكسرات او الانتقال من كسر الى ضم . واما مادته فقال البصريون من السمو اي العلو فلفظ زيد مثلا انما سمي اسما لكونه يدل على مسماه فيعليه ويظهره واصله سمو على وزن فعل او عدل او عنق لا على وزن قفل بجمعه على افعال ثم خفف بحذف عجزه لكثرة الاستعمال وعوض عنه همزة الوصل بعد تسكين اوله توصلا للابتداء بالساكن المتعسر وقال الكوفيون من الوسم اي العلامة لكون زيد مثلا علامة على مسماه واصله وسم فخفف بحذف صدره لكثرة الاستعمال وعوض عنه همزة الوصل كما مر وذهب قوم الى انه لا حذف ولا تعويض وانما قلبت الواو والفا كاعاء واشاح فهي همزة قطع وجعلت وصلية لكثرة الاستعمال وطولت باء اسم لتكون عوضا من الالف المحذوفة من لفظ اسم وقيل للتعظيم والتفخيم لكونها مبدا كتاب الله ثم اطرد ذلك في غيره وقيل لتكون بمنزلة اسم الله فيكون الابتداء ببسم الله ابتداء اسم الله وذكر صاحب الشفاء ان تجويد البسملة وتطويل بائها مطلوب شرعا فانه ذكر ان معاوية رضي الله عنه كان يكتب بين يدي النبي صلى الله عليه وسلم وانه قال الق الدوات وحرف

القلم وافق الباء وفرق السين ولا تغور الميم وحسن الله ومد الرحمن وجود الرحيم . واما اسم الجلالة فقال الجمهور انه علم على ذات الواجب الوجود المستحق لجميع المحامد وهو دال عليه تعالى دلالة جامعة لمعاني اسماء الله الحسنى كلها ما علم منها وما لم يعلم واختلف هل هو عربي وضعا واستعمالا وهو مذهب الاكثر وقيل اصل وضعه عجمي ثم عرب قال البلقيني وهذا القول لا يلتفت اليه ولا دليل عليه اذ لا يصار الى اثبات العجمة بلا دليل وعلى انه عجمي فقيل عبراني وقيل سرياني واصله لاها بالسريانية ثم عرب بحذف الالف الاخيرة وادخال ال وعلى انه عربي فذهب اكثر الاصوليين والفقهاء والاشاعرة الى انه منقول اي ماخوذ من نوع باصل تصرف وعلى انه منقول فقيل منقول من اصل لا يعلمه الا الله وقيل منقول من اصل مادته لام وواو وهاء يقال لاه يلوه اذا احتجب من الابصار فلا تدركه وقيل من اصل مادته لام وياء وهاء يقال لاه يليه اذا ارتفع ومعناه العلي القدر العظيم الوصف واصله على هذين القولين فعل قلبت عينه الفا لتحركها وانفتاح ما قبلها فصار لاه فادخلت عليه ال وادغمت اللام في اللام وقيل من اصل همزة ولام وهاء وعليه ففيه سبعة اقوال الاول اله كعبد وزنا ومعنى الثاني اله اذا تحير الثالث اله اذا فزع من امر نزل عليه فاله بمعنى مالوه اي مفزوع عليه الرابع من اله الفصيل اذا ولع بامه فاله بمعنى مالوه به لان الانام ولهوا به الخامس من اله بالمكان اذا اقام به فمعناه الدائم الباقي السادس من اله اذا احتاج فاله بمعنى مالوه اليه اي محتاج اليه السابع من اله اذا سكن فاله بمعنى مالوه اليه اي مسكون اليه لاطمئنان القلوب بذكره . اما الرحمن فهو صفة

مشبهة مشتق من رحم بعد تحويله الى رحم بضم عينه لان الصفة المشبهة تصاغ من اللازم فهذا النقل مطرد في باب المدح والذم كما نص عليه في تصريف المفتاح وقيل من امثلة المبالغة لان فعلان من اوزانها نص عليه في التسهيل واما الرحيم فيحتمل ان يكون صفة مشبهة كما مر في الرحمان حرفا بحرف ويحتمل ان يكون من صيغ المبالغة نص عليه سيبويه ونص بعضهم على ان فعيلا لا يكون من صيغ المبالغة الا اذا عمل النصب وقال الدماميني نقلا عن بعض المتاخرين ان صفة الله تعالى التي على صيغة المبالغة كرحيم وغفور كلها مجاز اذ هو موضوع للمبالغة ولا مبالغة هنا لان المبالغة ان تثبت للشيء اكثر مماله وانما يكون ذلك فيما يقبل الزيادة والنقصان وصفات الله تعلى منزهة عن ذلك قال ليس يشبه ان يكون غلطا من اشتباه المبالغة عند اهل البيان بالمبالغة النحوية المذكورة في المبالغة ثم ان المراد من الرحمة التي هي الرقة غايتها وهو الانعام او ارادته قال الرازي اذا وصف الله بامر ولم يصح وصفه به يحمل على غاية ذلك اه

وقد اختلف في الابلغ منهما فقيل الرحمان ابلغ قياسا وسماعا اما القياس فلان زيادة المبنى تدل على زيادة المعنى واما السماع فلشموله رحمة الدنيا والاخرة بخلاف الرحيم اذ ورد في الاثر يا رحمان الدنيا والاخرة ورحيم الدنيا وقيل معناهما واحد وقيل كل منهما خاص بشيء وقال القرطبي رحمان الاخرة ورحيم الدنيا وقيل الرحمان لما لا يتصور جنسه للعباد والرحيم المنعم لما يتصور منهم ورحمان خاص بالله تعلى فلا يطلق على غيره قال عز الدين ابن عبد السلام ان خصوص الرحمان به تعلى شرعي طرأ بعد الاسلام قال ولذلك اخر

من الله ، ثم انه قد اشتهر في اعرابها تسعة اوجه وهي جرهما ونصبهما ورفعهما وجر الاول ورفع الثاني او نصبه ورفع الاول مع نصب الثاني وبالعكس فهذه سبعة اوجه واحد منها يجوز عربية ويتعين قراءة وستة تجوز عربية لاقراءة وبقي اثنان ممنوعان وهما رفع الاول ونصبه مع جر الثاني وانما امتنعا لان فيهما الاتباع بعد القطع والاتباع بعد القطع رجوع الى الشيء بعد الانصراف عنه وهو ممنوع عند الاكثر وفيما ذكرناه كفاية للمبتدئين مثلي * ثم قال الناظم

يَا طَالِبَ ٱلنَّحْوِ خُذْ مِنِّي قَوَاعِدَهُ * مَنْظُومَةً جُمْلَةً مِنْ أَحْسَنِ ٱلْجُمَلِ

افتتح الناظم رضي الله عنه منظومته بنداء من يطلب علم النحو واختار من ادوات النداء يا الدالة على البعد لبعد طالب العلم في وقتنا وعلى تقدير وجوده فطلبه له لغرض دنيوي والطالب للعلم هو المجتهد في تحصيله بنية حسنة وحرص وذكاء ومذاكرة وانما اختار علم النحو لكونه وسيلة لجميع العلوم اذ به يسلم اللسان من التحريف والخطا وقوله خذ فعل امر وقواعده مفعول به وهو على حذف مضاف اي بعض قواعده لانه لم يذكر جميع القواعد وقوله منظومة اي مجموعة والنظم الكلام الموزون المقفى وجملة حال ثان والجملة الكلام المركب افاد او لم يفد فبين الجملة والكلام عموم وخصوص بالاطلاق يجتمعان في نحو قولك * محمد رسول الله * وتنفرد الجملة في نحو قولك ان قام زيد ولا ينفرد الكلام فكل كلام جملة ولا ينعكس الا جزئيا ومن احسن الجمل يتعلق بمحذوف نعت لجملة والقاعدة والاساس والقانون والضابط الفاظ

مترادفة والقاعدة حكم كلي يتعرف منه احكام جزئيات الموضوع نحو قول القائل كل حال نكرة فيتعرف من هذه القاعدة حكم خاضعا من قولك جاء العبد خاضعا وتبسم ضاحكا وهكذا ثم انه ينبغي لكل شارع في فن ان يتصوره بمعرفة مباديه قبل الشروع ليكون على بصيرة فيه وقد جمعها بعضهم بقوله

مَبَادِي ايّ عِلْمٍ كَانَ حَدٌّ * وَمُوْضُوعٌ وَغَايَهُ مُسْتَمَدُّ

وَفَضْلُ وَاضِعٍ وَاسْمٌ وَحُكْمٌ * مَسَائِلُ نِسْبَةٍ عَشْرٌ تُعَدُّ

والعلم الذى نحن بصدده علم النحو فنقول اما حده فهو علم بقواعد يعرف بها احوال الكلمات العربية حال تركيبها من الاعراب والبناء وما يتبعهما من النواسخ وحذف العائد وموضوعه الكلمات العربية اذ موضوع كل علم ما يبحث فيه من عوارضه الذاتية وفائدته التحرز من الخطا والاستعانة على فهم كلام الله وكلام رسوله عليه الصلاة والسلام واستمداده من كلام العرب واما فضيلته فهو فوقانه على سائر العلوم بالنسبة والاعتبار ومسائله قواعده التي يبرهن عليها فيه كقولنا الفاعل مرفوع والمفعول به منصوب وواضعه ابو الاسود الدؤلي بامر من الامام علي رضي الله عنه وقالوا في سبب وضعه ان ابا الاسود الدؤلي رضي الله عنه كان ذات ليلة على سطح بيته ومعه ابنته فرأت نجوم السماء وحسن اشراقها وتلؤلؤ انوارها مع وجود الظلمة فقالت يا ابت ما احسن السماء بضم نون احسن وكسر همزة السماء فقال مجيبا لها يا بنيتي نجومها ظانا انها ارادت اي شيء احسن منها فقالت يا ابت ما اردت هذا انما اردت التعجب من حسنها فقال لها قولي ما احسنَ السماءَ وافتحي

فاتى فلما اصبح ذهب الى الامام على كرم الله وجهه فقال يا امير المومنين حدث في اولادنا ما لم نعرفه واخبره بالقصة فقال هو كله بمخالطة العجم والعرب ثم امره فاشترى صحفا واملى عليه بعد ايام اقسام الكلام ثلاثة * اسم * وفعل * وحرف * جاء لمعنى وجملة من التعجب وقال له انح على هذا فلذلك سمي بعلم النحو ثم قال له تتبعه يا ابا الاسود وزد عليه ما وقع لك واعلم يا ابا الاسود ان الاشياء ثلاثة ظاهر ومضمر وشيء ليس بظاهر ولا مضمر وانما تتفاضل الناس في معرفة ما ليس بظاهر ولا مضمر قال ابو الاسود فجمعت منها اشياء وعرضتها عليه من ذلك انّ وليت ولعل وكأن ولم اذكر لكن فقال لم تركتها فقال احسب انها ليست منها فقال بل هي منها زدها واما حكم الله فيه فانه فرض كفاية اذا قام به البعض سقط عن الباقين ويتعين على من فيه اهلية واما نسبته الى العلوم فالمباينة وقد وردت في النحو آثار واخبار تدل على فضله وشرفه ولله در من قال

اَلنَّحْوُ زَيْنٌ لِلْفَتَى * يُكْرِمُهُ حَيْثُ أَتَى
مَنْ لَمْ يَكُنْ يُحْسِنُهُ * فَحَقُّهُ أَنْ يَسْكُتَا

وقال آخر

مَنْ فَاتَهُ النَّحْوُ فَذَاكَ الأَخْرَسُ * وَفَهْمُهُ فِي كُلِّ عِلْمٍ مُفْلِسُ
وَقَدْرُهُ بَيْنَ الْوَرَى مَوْضُوعُ * وَإِنْ يُنَاظِرْ فَهُوَ الْمَقْطُوعُ
لاَ يَهْتَدِي لِحِكْمَةٍ فِي الذِّكْرِ * وَمَا لَهُ فِي غَامِضٍ مِنْ فِكْرِ

وبالجملة فان علم النحو له بال عظيم لا ينكر فضله والله يوفقنا للعمل الصالح بجاه سيد البرايا اجمعين . ثم انه ما حملني على وضع هذا الشرح الا التمسك باذيال اهل العلم الشريف نفعني الله والمسلمين ببركاتهم امين وقد بذلت جهدي في اختصاره وفي النقول العذبة والعبارات السهلة واستعنت بعدة كتب كالقطر والازهرية ومقدمة الفخر الرازي فنسأل الله التوفيق ثم قال الناظم رحمه الله

فِي ضِمْنِ خَمْسِينَ بَيْتًا لاَ تَزِيدُ سِوَى * بَيْتٍ بِهِ قَدْ سَأَلْتُ العَفْوَ مِنْ زَلَلِ

يعني ان هذه المنظومة محتوية على خمسين بيتا بلا زيادة عليها الا بيتا واحدا طلب فيه العفو عن خطاياه وفيه اشارة الى ان هذه المنظومة مختصرة جدا وانما نبه على ذلك ترغيبا للطلاب كما هو شان العلماء الكاملين المتصفين لنفع العبيد لان التطويل يفضى الى التعب والسآمة والملل فالاختصار الغير المخل بالمعنى مطلوب وخصوصا في زمن كثرت فيه الشهوات وهذه القصيدة من بحر البسيط احد البحور الخمسة عشر او الستة عشر بزيادة المتدارك واجزاء تفعيله مستفعل فعل ثمان مرات وقوله في ضمن خمسين بيتا يتعلق بمحذوف نعت لمنظومة في البيت قبله وفيه التضمين والتضمين هو توقف معنى بيت على بيت اخر بعده قال صاحب الخزرجية

* وتضمينهم إحواجُ معنًى لِذَا وذَا *

وجملة طلبت به العفو الخ في محل جر نعت لبيت ثم قال رحمه الله

إِنْ أَنْتَ أَتْقَنْتَهَا فَانَتْ مَسَائِلُهُ * عَلَيْكَ مِنْ غَيْرِ تَطْوِيلٍ وَلَا مَلَلِ

يعني انك ايها الطالب للنحو ان اتقنت هذه المنظومة حفظا وفهما سهلت عليك مسائل النحو وحصلت فوائده من غير تطويل ولا تعب يلحقك وما ذاك الا لقلة لفظها وغزارة علمها فجزاه الله عن المسلمين خيرا وقوله ان حرف شرط جازم لفعلين وانت فاعل بفعل محذوف وفانت جواب الشرط * ثم قال الناظم رحمه الله

الباب الاول
في الكلام عند النحاة وما يتألف منه

ثم انه لابد من ان نبين هنا نبذة معينة على ما سيذكره الناظم بعد . قال اكثر النحاة * الكلمة غير الكلام فالكلمة هي اللفظة المفردة والكلام هو الجملة المفيدة وقال اكثر الاصوليين انه لا فرق بينهما فكل واحد منهما يتناول المركب والمفرد وابن جني وافق النحاة واستبعد قول الاصوليين وكلام سبويه مشعر بان لفظ الكلام مختص بالجملة المفيدة واختلف هل لفظ الكلام والكلمة يتناول المهمل ام لا فمنهم من قال يتناوله لانه يصلح ان يقال الكلام منه مهمل ومنه مستعمل وبانه يصلح ان يقال تكلم فلان بكلم غير مفهوم ومن قال الكلام والكلمة مختصان بالمستعمل اذ لو لم يعتبر هذا القيد لزم تجويز تسمية اصوات الطير بالكلمة والكلام وقال ابن جنى لفظ القول يقع على الكلام التام وعلى الكلمة الواحدة على سبيل الحقيقة وفي الاغلبية * والقول عم * ثم قال ابن جني ايضا ان لفظ القول يصح جعله مجازا على الاعتقادات والاراء كقولك فلان

والعقد والنصب فجميع ذلك خرج باللفظ وخرج بالمركب ما ليس بمركب كالمفردات والاعداد المسرودة وبالمفيد نحو ان قام زيد وبرق نحره وبعلبك والحيوان الناطق والسماء فوقنا والارض تحتنا بناء على اشتراط تجدد الفائدة وبالوضع العربي افادة حياة المتكلم من وراء جدار فقوله اما كلمة فصل واخبار والكلام مبتدا واصطلاحا منصوب على التمييز والاصطلاح اتفاق جماعة مخصوصة على امر معهود فيما بينهم اذا اطلق انصرف اليه وقوله فهو عندهم خبر المبتدا وقوله كقام علي خبر مبتدا محذوف ثم قال الناظم

وَالاسْمُ وَالْفِعْلُ ثُمَّ الْحَرْفُ جُمْلَتُهَا * أَجْزَاؤُهُ فَهُوَ مِنْهَا غَيْرُ مُنْتَقِلِ

يعني ان اجزاء الكلام من جهة تركيبه من مجموعها لامن جميعها ثلاثة لارابع لها وطريق الحصر ان تقول الكلمة اما ان يكون معناها مستقلا بالمعلومية اولا الثاني الحرف والاول لا يخلو اما ان يدل على الزمان المعين اولا الاول الفعل والثاني الاسم فالاسم هو اللفظ المستقل بالمفهومية المجرد عن الزمان وضعا والفعل هو اللفظ المستقل بالمفهومية الدال على الزمان وضعا والحرف هو اللفظ الذي لا يستقل بالمفهومية ولا يدل على الزمان والاسم ثلاثة اقسام ظاهر ومضمر كزيد ونحن ومبهم كهذا والفعل ثلاثة اقسام ماض كضرب ومضارع كيضرب وامر كاضرب والحرف ثلاثة اقسام ايضا خاص بالاسم كفي وبالفعل كلم ومشترك بينهما كبل وحكم الاسم الاعراب اصالة وقد يخرج من اصله فيبنى وحكم الفعل البناء الا الفعل المضارع المجرد من النونين فانه اعرب لشبهه بالاسم في الحركات والسكنات وعدد الحروف والعموم

يقول بقول ابي حنيفة ويذهب الى قول مالك اي يعتقد ما كان يقولان به *

ثم قال الناظم

أَمَّا ٱلْكَلَامُ ٱصْطِلَاحًا فَهُوَ عِنْدَهُمُ * مُرَكَّبٌ فِيهِ إِسْنَادٌ كَقَامَ عَلِي

يعني ان الكلام في عرف النحويين عبارة من لفظ مركب فيه اسناد تام ومثل الناظم ذلك بقوله كقام علي فانه يصدق عليه انه لفظ لكونه صوتا مشتملا على بعض الحروف الهجائية التي اولها الالف واخرها الياء وهو القاف والالف والميم والعين واللام والياء وانه مركب لانه تركب من كلمتين الاولى قائم والثانية علي والثالث الاسناد التام وهو المفيد فايدة يحسن سكوت المتكلم عليها وهو موضوع وضعا عربيا والوضع جعل اللفظ دالا على المعنى فخرج باللفظ ما ليس بلفظ كالاشارة نحو قول الشاعر

وَقَالَتْ لَهُ ٱلْعَيْنَانِ سَمْعًا وَطَاعَةً * وَحَدَّرَتَا كَٱلدُّرِّ لَمَّا يُثَقَّبِ

والكتابة كقول عائشة رضي الله عنها ما بين دفتي المصحف كلام الله ولسان الحال كقول الشاعر

قَالَتْ لَهُ ٱلطَّيْرُ تَقَدَّمْ رَاشِدًا * إِنَّكَ لَا تَرْجِعُ إِلَّا حَامِدًا

ويقال في المثل قال الجدار للوتد لما تشقني * قال سل من يدقني

وحديث النفس كقول الشاعر

إِنَّ ٱلْكَلَامَ لَفِي ٱلْفُؤَادِ وَإِنَّمَا * جُعِلَ ٱللِّسَانُ عَلَى ٱلْفُؤَادِ دَلِيلَا

والافعال والحروف كلها مبنية اصالة ثم اشار الى ما يمتاز به كل واحد من الاجزاء الثلاثة فقال

فَالاِسْمُ يُعْرَفُ بِالتَّنْوِينِ ثُمَّ بِأَلْ * وَالجَرِّ أَوْ بِحُرُوفِ الجَرِّ كَالرَّجُلِ

يعنى ان الاسم يتميز من الفعل والحرف بعلامات منها التنوين وهو نون ساكنة زائدة تتبع ءاخر الاسم فى اللفظ وتفارقه فى الخط استغناء عنها بتكرار الشكلة عند الضبط بالقلم وهو اربعة اقسام تنوين التمكين وهو الداخل على الاسماء المتمكنة كزيد ورجل وتنوين التنكير وهو الداخل على الاسماء المختومة بويه كسبويه ودرستويه او اسماء الافعال كصه ومه فرقا بين معرفتها ونكرتها وفى الخلاصة

وَاحْكُمْ بِتَنْكِيرِ الَّذِى يُنَوَّنُ * مِنْهَا وَتَعْرِيفُ سِوَاهَا بَيِّنُ

والثالث تنوين المقابلة وهو الداخل على جمع المؤنث السالم فى مقابلة النون من جمع المذكر السالم كزيدين فى كونها دالة على تمام الاسم الرابع تنوين العوض وهو اما ان يكون عوضا عن حرف نحو جوار وغواش وفواض فانه عوض من الياء والاصل جواري فحذفت الياء وعوض منها التنوين واما ان يكون عوضا من جملة كقوله تعالى ويومئذ يفرح المومنون بنصر الله والاصل والله اعلم ويوم اذ غلبت الروم فارسا الخ فحذفت الكلمة وعوض منها التنوين . ومن جملة ما يتميز به الاسم الجر وهو عبارة عن الكسرة او نائبها التى تحدث عند دخول عامل الخفض ككسرة الدال من زيد فى قولك مررت بزيد ومن جملة ما يعرف به الاسم ايضا ال نحو قول الشاعر

الْخَيْلُ وَاللَّيْلُ وَالْبَيْدَاءُ تَعْرِفُنِي * وَالسَّيْفُ وَالرُّمْحُ وَالْقِرْطَاسُ وَالْقَلَمُ

ومن جملة ما يعرف به الاسم حروف الخفض نحو من المسجد الحرام الى المسجد الاقصا وسياتي الكلام على حروف الخفض في باب مخفوضات الاسماء ان شاء الله تعالى وبالجملة فان علامات الاسم اما ان تكون لفظية او معنوية فاللفظية اما ان تحصل في اول الاسم كال وحروف الجر اوفي حشوه كياء التصغير نحو زييد وحرف التكسير كفلوس اوفي ءاخره كحرفي التثنية والجمع واما المعنوية فككونه موصوفا وصفة وفاعلا ومفعولا ومضافا اليه ومخبرا عنه فقوله بالاسم مبتدا وجملة يعرف الخ خبر وقوله كالرجل خبر لمبتدا محذوف وهو مثل للمقرون بال ثم قال الناظم رحمه الله

وَالْفِعْلُ بِالسِّينِ أَوْ قَدْ أَوْ بِسَوْفَ وَإِنْ * أَرَدْتَ حَرْفًا فَمِنْ تِلْكَ الأُمُورِ خَلِي

يعني ان الفعل يعرف ويتميز عن قسيميه بالسين الدالة على التنفيس وهي مختصة بالدخول على المضارع نحو سيهديني الثاني سوف وهي للتسويف وهو ابعد زمان في المستقبل من التنفيس وهي مختصة بالمضارع ايضا نحو سوف تعلمون الثالث قد وتدخل على الماضي والمضارع نحو قد سمع الله قد يعلم الله المعوقين بخلاف قد الاسمية في نحو قولك قد زيد درهم فانها اسم بمعنى حسب او اسم فعل بمعنى يكفي ويتميز الفعل الماضي بتاء التانيث الساكنة وبتاء فعلت نحو ضربت ويتميز الامر بكونه دالا على الطلب بالصيغة وقبوله ياء المؤنثة المخاطبة نحو فكلي واشربي وقري عينا ويتميز المضارع بدخول لم عليه نحو لم يلد ولم يولد وعلامة الحرف عدمية وهي عدم قبوله

لعلامة الاسم وبعلامة الفعل فترك العلامة علامة على حرفيته ونظير ذلك كما قال ابن مالك ج ح خ فعلامة الجيم نقطة من اسفل وعلامة الخاء نقطة من اعلا وعلامة الحاء عدم النقط بالكلية قوله والفعل مبتدا وبالسين يتعلق بفعل محذوف تقديره يعرف والجملة من يعرف ومتعلقه خبر المبتدا ثم ان التركيبات الممكنة من هذه الاجزاء اثنان الاول المبتدا والخبر نحو الله بر الثاني اسم مع فعل نحو قام زيد وهاتان الجملة مفيدتان باتفاق قال المؤلف

الباب الثانــي

في الاعـراب اصطـلاحـا

اعلم ان في الاعراب وجهين احدهما ان يكون ماخوذا من قولهم اعرب عن نفسه اذا بين ما في ضميره فان الاعراب ايضاح المعنى والثانـــي ان يكون اعرب من قولهم عربت معدة البعير اذا فسدت وكان المراد من الاعراب ازالة الفساد ورفع الابهام مثل اعجمت الكتاب اي ازلت عجمته . فائدة اذا قلنا في الحرف انه متحرك او ساكن فهو مجاز لان الحركة والسكـون من صفات الاجسام والحرف ليس بجسم بل المراد من حركة الحرف صوت مخصوص يوجد عقب التلفظ بالحرف والسكون عبارة عن ان يوجد الحرف من غير ان يعقبه ذلك الصوت المخصوص المسمى بالحركة ثم ان الحركات الاعرابية متاخرة عن الحرف تاخرا بالزمان كما لا يخفى ثم اشار الناظـم الى تعريف الاعراب فقال

بَابُ الْإِعْرَابُ تَغْيِيرُ الْأَوَاخِرِ مِنْ * إِسْمٍ وَفِعْلٍ اتَى مِنْ بَعْدِ ذِي عَمَلِ

يعني ان الاعراب اصطلاحا تغيير ءاخر الكلمة اسما كانت او فعلا مضارعا فهو كقول بعضهم اختلاف ءاخر الكلمة باختلاف العوامل اما الاختلاف فهو عبارة عن موصوفية ءاخر تلك الكلمة بحركة او سكون بعد ان كان موصوفا بغيرها ولا شك ان تلك الموصوفية حال معقولة لا محسوسة قاله السيد عبد القاهر الجرجاني وقوله ءاخر احترازا من تغيير الاوايل فلا يسمى اعرابا وقوله من بعد ذي عمل مراده العامل المقتضي للرفع نحو جاء زيد او النصب نحو رأيت زيدا او الجر نحو مررت بزيد ثم ان الاصح في الاعراب انه لفظي وحده بعضهم بانه ماجيء به لبيان مقتضى العامل من حركة او سكون او حرف او حذف وقوله الاعراب مبتدا وتغيير الاواخر خبر ثم ان اقسام الاعراب ثلاثة الاول الاعراب بالحركة وهي في امور ثلاثة احدها الاسم الذى لا يكون في ءاخره حرف من حروف العلة سواء كان اوله او وسطه معتلا ام لا نحو رجل ووعد وثوب وثانيها ان يكون ءاخر الكلمة واوا او ياء ويكون ما قبله ساكنا فهو كالصحيح نحو ظبي وغزو وداو وثالثها ان تكون الحركة المتقدمة على الحرف كسرة وحينئذ يكون الحرف الاخير ياء نحو القاضي فيكون في الرفع والجر على صورة واحدة وهي السكون والحركة مقدرة واما في النصب فتظهر فيه الفتحة قال الله تعالى اجيبوا داعي الله القسم الثاني من الاعراب ما يكون بالحروف وهو في امور ثلاثة احدها الاسماء الستة المضافة نحو جاء اخوك وابوك وحموك وفوك وذو مال

وفوك ورأيت اباك واخاك وحماك وفاك وذا مال وهداك ومررت بابيك واخيك وحميك وفيك وذى مال وهنيك وثانيها المثنى وما الحق به من كلا وكلتا واثنان واثنتان وجمع المذكر السالم وما الحق به من نحو عشرون واولوا وعالمون وعليون الثالث من الاعراب التقديري وهو فى الكلمة التى ءاخرها الف وتكون الحركة التى قبلها فتحة نحو جاء الفتى ورأيت الفتى ومررت بالفتى واصل الاعراب ان يكون بالحركة ثم قال الناظم رحمه الله

فَالرَّفْعُ وَالنَّصْبُ فِى غَيْرِ الحُرُوفِ وَمَا * يَخْتَصُّ بِالجَرِّ إِلَّا الاِسْمُ فَاحْتَفِلِ
وَالجَزْمُ لِلْفِعْلِ فَالأَنْوَاعُ أَرْبَعَةٌ * وَلَيْسَ لِلْحَرْفِ إِعْرَابٌ فَلَا تُطِلِ
وَقَدْ تَبَيَّنَ أَنَّ الاِسْمَ لَيْسَ لَهُ * جَزْمٌ وَلَيْسَ لِفِعْلٍ جَرٌّ مُتَّصِلِ

هذا شروع منه رحمه الله فى الكلام على انواع الاعراب ثم ان الحركات الثلاث مع السكون ان كانت اعرابية سميت بالرفع والنصب والخفض والجزم وان كانت بنائية سميت بالفتح والضم والكسر والوقف وذهب قطرب الى ان الحركات البنائية مثل الاعرابية وخالفه الباقون وهذا الخلاف لفظي فان المراد من التماثل ان كان هو التماثل فى الماهية فالحس يشهد بان الامر كذلك وان كان المراد حصول التماثل فى كونها مستحقة بحسب العوامل الداخلة فالعقل يشهد انه ليس كذلك ثم ان من اراد ان يتلفظ بالضمة فانه لابد له من ضم شفتيه اولا ثم رفعهما ثانيا ومن اراد التلفظ بالفتحة فلابد له من فتح الفم بحيث تنتصب الشفة العليا عند ذلك الفتح

ومن اراد التلفظ بالكسرة فلابد له من فتح الفم بحيث تنتصب الشفة العليا عند ذلك الفتح فتحا قويا والفتح القوي لا يحصل الا بانجرار اللحي الاسفل وانخفاضه فلا جرم يسمى ذلك جرا وخفضا واما الجزم فهو القطع فقوله فى غير الحروف هي الاسماء والافعال واما الحروف فلا حظ لها فى الاعراب اصلا ومعنى كلامه ان الرفع والنصب مشترك بين الاسماء والافعال والمراد بالاسم الاسم المعرب وهو المتمكن سواء كان امكن ام لا والمراد بالافعال الفعل المضارع المجرد من النونين ثم ان الرفع والنصب مشترك بين الاسماء والافعال والجر خاص بالاسماء والجزم خاص بالافعال فاعراب الاسماء ثلاثة الرفع والنصب والجر وكل واحد منها علامة على معنى فالرفع علامة الفاعلية والنصب علامة المفعولية والجر علامة الاضافة واما التوابع فانها فى حركاتها مساوية للمتبوعات واعراب الفعل ثلاثة الرفع والنصب والجزم واختص الاسم بالجر لخفته وثقل الجر والفعل بالجزم لثقله وخفة الجزم قوله فالرفع مبتدا والنصب معطوف وجملة يختص خبر المبتدا وقوله فاحتفل تكملة وقوله فالانواع اربعة مبتدا وخبر مثالها فى الاسم قام زيد ورأيت زيدا بالامس ومثالها فى الفعل يقوم زيد ولن يقضي عمرو ولم يخش خالد قال فى الخلاصة

وَالرَّفْعَ وَالنَّصْبَ اجْعَلَنْ إِعْرَابَا * لاسْمٍ وَفِعْلٍ نَحْوُ لَنْ أَهَابَا

وَالاسْمُ قَدْ خُصِّصَ بِالْجَرِّ كَمَا * قَدْ خُصِّصَ الْفِعْلُ بِأَنْ يَنْجَزِمَا

باب معرفة علامات الاعراب

لِكُلِّ نَوْعٍ عَلَامَةٌ مُفَصَّلَةٌ * فَالرَّفْعُ أَرْبَعَةٌ فِي قَوْلِ كُلِّ وَلِي
وَالنَّصْبُ خَمْسُ عَلَامَاتٍ وَثَالِثُهَا * خَفْضٌ ثَلَاثٌ وَلِلْجَزْمِ اثْنَتَانِ تَلِي

يعني ان لكل نوع من الانواع الاربعة علامة مبينة ولم يذكر مواضعها وما ينوب عنها والاولى ذكر ذلك لكن تركه اختصارا واتكالا على الموفق قوله فالرفع اربعة وهي الضمة والواو والالف والنون فاما الضمة فتكون علامة للرفع في اربعة مواضع في الاسم المفرد وهو ما ليس مثنى ولا مجموعا ولا واحدا من الاسماء الخمسة نحو جاء زيد والفتى وهند وحبلى الثاني جمع التكسير وهو ما تغير بزيادة او نقصان او تغير شكل نحو هذه فلوس جياد وقالت رسلهم وجاءت اسد والثالث جمع المؤنث السالم وهو ما ختم بالف وتاء مزيدتين على مفرده نحو جاءت الهندات والرابع الفعل المضارع اذا لم يتصل به ما يوجب بناءه كنون التوكيد المباشرة نحو ليسجنن او نون النسوة نحو يتربصن او ينقل اعرابه كما اذا اتصل به الف الاثنين او واو الجماعة او ياء المؤنثة المخاطبة فمثال الذي لم يتصل بآخره شيء يضرب ويخشى واما الواو فتنوب عن الضمة في موضعين في جمع المذكر السالم وما الحق به نحو جاء الزيدون اجمعون وفي الاسماء الخمسة نحو جاء اخوك وابوك وحموك وفوك وذو مال ويشترط فيها ان تكون مكبرة مفردة مضافة لغير ياء المتكلم واما الالف فتنوب عن الضمة في تثنية الاسماء لا غير نحو قال رجلان واما النون فتكون علامة للرفع في الفعل المضارع اذا اتصل به ضمير

تثنية نحو الزيدان يضربان بياء الغيبة وانتما تضربان بتاء الخطاب اوضمير جمع نحو يضربون بالياء والتاء اوضمير المؤنثة المخاطبة نحو تضربين قوله في في قول كل ولي اي عالم وقوله لكل نوع يتعلق بمحذوف خبر مقدم وعلامة مبتدا مؤخر ومفصلة نعت لما قبله وقوله والنصب خمس علامات يعني ان النصب له خمس علامات الفتحة والالف والكسرة والياء وحذف النون النون فاما الفتحة فتكون علامة للنصب في ثلاثة مواضع في الاسم المفرد نحو رأيت زيدا وجمع التكسير نحو رأيت الرجال والفعل المضارع العاري من النونين وليس من الافعال الخمسة نحو لن يضرب واما الالف فتكون علامة للنصب في الاسماء الخمسة نحو رأيت اباك واخاك وحماك وفاك وذا مال واما الكسرة فتكون علامة للنصب في جمع المؤنث السالم نحو رأيت الهندات وخلق الله السموات واما الياء فتكون علامة للنصب في التثنية والجمع نحو رأيت الزيدين وضربت العمرين واما حذف للنون فيكون علامة للنصب في الافعال الخمسة نحو لن يضربوا قوله وللنصب خمس علامات مبتدا وخبر ومضاف اليه وقوله وثالثها خفض ثلاث يعني ان ثلاث الانواع له ثلاث علامات الكسرة والياء والفتحة فاما الكسرة فتكون علامة للخفض في الاسم المفرد المنصرف اي المتمكن الامكن وجمع التكسير المنصرف وجمع المؤنث السالم نحو مررت بزيد ورجال ومومنات واما الياء فتكون علامة للخفض في التثنية والجمع والاسماء الخمسة نحو مررت بالزيدين والعمرين واخيك واما الفتحة فتكون علامة للخفض في الاسم الذي لا ينصرف وهو ما اجتمع فيه علتان من علل تسع وهي العلمية والتانيث

اللازم لفظا ومعنى ووزن الفعل الخاص به او الغالب عليه والوصفية والعدل والجمع الذى ليس على زنة الواحد والتركيب والعجمة وزيادة الالف والنون وانما صار اجتماع اثنين من هذه التسعة مانعا من الصرف لان كل واحد منها فرع والفعل فرع عن الاسم فاذا حصل فى الاسم شيأن من هذه التسعة صار ذلك الاسم شبيها بالفعل فى الفرعية والمشابهة تقتضى منع الصرف

وبيان كون العلل السابقة فرعا هو ان العلمية فرع عن التنكير لان الاصل فى الشيء ان لا يكون معلوما ثم يصير معلوما والتانيث فرع التذكير لان الذكر اكمل من الانثى والكامل مقصود بالذات والناقص مقصود بالعرض. واما وزن الفعل فانه فرع عن لا وزن والفعل فرع عن الاسم وفرع الفرع فرع واما الوصف فلانه فرع عن الموصوف واما العدل فلانه فرع العدول من الشيء الى غيره واما التركيب فلانه فرع المركب وهو المفرد واما العجمة فلان تكلم كل طائفة بلغتهم اصل وبلغة غيرهم فرع واما الالف والنون فلانهما زائدتان على جوهر الكلمة والزائد فرع ومثالها مررت باحمد وابراهيم وبعلبك وعمر وفاطمة وعثمان وسكران وافضل ومساجد وصحراء قوله وللجزم علامتان مبتدا وخبر وقوله تلي صفة اثنتان والمعنى ان الجزم له علامتان السكون والحذف فاما السكون فيكون علامة للجزم فى الفعل المضارع الصحيح الاخر نحو لم يضرب واما الحذف فانه يكون علامة للجزم فى موضعين فى الفعل المضارع المعتل الاخر وهو ما اخره واو كيدعو او ياء كيرمي او الف كيخشى تقول لم يدع ويرم ويخش بحذف حروف العلة من الافعال الثلاثة ومن الافعال الخمسة وهي يفعلان وتفعلان ويفعلون وتفعلون وتفعلين .

ويكون الحذف علامة للنصب في موضع واحد فقط وهي الافعال الخمسة وفي الخلاصة

وَحَذْفُهَا لِلْجَزْمِ وَالنَّصْبِ سِمَهْ * كَلَمْ تَكُونِي لِتَرُومِي مَظْلَمَهْ

وحاصل ما يقال في الافعال المعتلة انها ترفع بالضمة تعذرا في الالف واستثقالا في الياء والواو وتقدر الفتحة في الالف وتظهر في الواو والياء لخفة الفتحة وتحذف الثلاثة للجازم . وفي الخلاصة

وَأَيُّ فِعْلٍ ءَاخِرٌ مِنْهُ أَلِفْ * أَوْ وَاوٌ أَوْ يَاءٌ فَمُعْتَلاًّ عُرِفْ

فَالْأَلِفَ انْوِ فِيهِ غَيْرَ الْجَزْمِ * وَأَبْدِ نَصْبَ مَا كَيَدْعُو يَرْمِي

وَالرَّفْعَ فِيهِمَا انْوِ وَاحْذِفْ جَازِمَا * ثَلَاثَهُنَّ تَقْضِ حُكْمًا لَازِمَا

ثم ان المؤلف لما كان مقصوده الاختصار لم يذكر النواصب والجوازم . وحاصل ما يقال فيهما اختصارا ان النواصب عشرة وهي . ان . نحو ان تقول نفس . ولن نحو لن نبرح عليه عاكفين . واذا . نحو اذا اكرمك جوابا لمن قال ازورك غدا . وكي . المصدرية وهي التي تتقدمها اللام لفظا او تقديرا نحو لكي لا تأسوا . ولام كي . نحو جئتك لتكرمني . ولام الجحود . وهي المسبوقة بما كان او لم يكن نحو وما كان الله ليطلعكم على الغيب لم يكن الله ليغفر لهم . وحتى . نحو حتى يرجع الينا موسى . وفاء السببية . وواو المعية . في الاجوبة الثمانية نحو اقبل فاحسن اليك او واحسن اليك ولا تخاصم زيدا فيغضب او ويغضب ورب وفقني فاعمل صالحا او

واعمل صالحا ولا تنزل عندنا فتصيب خيرا او وتصيب خيرا وليت لى مالا فاحج منه او واحج منه وهل لزيد صديق فيبركن اليه او ويركن اليه ولا يقضى على زيد فيموت او ويموت * فان حرف نصب ومصدر واستقبال . ولن حرف نفي ونصب واستقبال . واذا . حرف جواب وجزاء ونصب . وكي . حرف نصب ومصدر واستقبال وهذه الاربعة ناصبة بنفسها اتفاقا ولا تكون ان ناصبة الا اذا لم يتقدمها علم فان تقدمها فانها تكون حينئذ مخففة من الثقيلة واذا تقدمها ظن جاز الوجهان وفي الخلاصة

وَبِلَنِ انْصِبْهُ وَكَيْ كَذَا بِأَنْ * لَا بَعْدَ عِلْمٍ وَالَّتِي مِنْ بَعْدِ ظَنْ
فَانْصِبْ بِهَا وَالرَّفْعَ صَحِّحْ وَاعْتَقِدْ * تَخْفِيفَ أَنْ مِنْ أَنَّ فَهْوَ مُطَّرِدْ

ويشترط لعمل اذا ان يكون الفعل بعدها مستقبلا وان تكون في صدر الجواب وان لا يفصل بينهما بفاصل ولا يضر الفصل بالقسم وفي الخلاصة

وَنَصَبُوا بِإِذَا الْمُسْتَقْبَلَا * إِنْ صُدِّرَتْ وَالْفِعْلُ بَعْدُ مُوصَلَا
أَوْ قَبْلَهُ الْيَمِينُ وَانْصِبْ وَارْفَعَا * إِذَا إِذًا مِنْ بَعْدِ عَطْفٍ وَقَعَا

والستة الباقية المشهور ان الفعل بعدها منصوب بان مضمرة جوازا بعد لام التعليل ووجوبا بعد باقي الستة والعاشر او نحو لا لازمنك او تقضيني حقي والجوازم للفعل المضارع ثمانية عشر الاول . لم . نحو لم يلد وهي حرف نفي وجزم وقلب والثاني . لما . نحو يقم وهي مرادفة للم فيما ذكر والثالث . الم . بزيادة همزة استفهام على لم نحو الم نشرح والرابع . الما . نحو الما احسن اليك

وهي مرادفة لالم . الخامس لام الامر ان كان من الاعلى نحو لينفق ذو سعة من سعته وان كان من الادنى فدعاء نحو ليقض علينا ربك ولا المستعملة لطلب الترك فان كان من الاعلى فنهي نحو لا تشرك بالله وان كان من الادنى فدعاء نحو لا تزغ قلوبنا فهذه الادوات تجزم فعلا واحدا واما البواقي فانها تجزم فعلين الاول يسمونه فعل الشرط والثاني يسمى جوابا وجزاء وفي الخلاصة

فِعْلَيْنِ يَقْتَضِينَ شَرْطًا قُدِّمَا * يَتْلُو الْجَزَاءُ وَجَوَابًا وُسِمَا

الاول منها * ان . وهي حرف باتفاق نحو ان تقم اقم الثاني . ما . وهي اسم شرط موضوعة لما لا يعقل ثم ضمنت معنى الشرط نحو وما تفعلوا من خير يعلمه الله الثالث . من . وهي اسم شرط وضعت لمن يعقل ثم ضمنت معنى الشرط نحو من يعمل سوء يجز به الرابع * مهما . واصلها ماما ثم قلبت الف ما هاء فصارت مهمى وهي موضوعة لما لا يعقل نحو قول الشاعر

أَغَرَّكِ مِنِّي أَنَّ حُبَّكِ قَاتِلِي * وَأَنَّكِ مَهْمَا تَأْمُرِي الْقَلْبَ يَفْعَلِ

الخامس * اذما * وهي حرف على الاصح نحو قول الشاعر

وَأَنَّكَ إِذْ مَا تَأْتِ مَا أَنْتَ آمِرٌ * بِهِ تُلْفِ مَنْ إِيَّاهُ تَأْمُرُ آتِيَا

ومعنى البيت ان الانسان اذا فعل ما امر به فنهى نفسه اولا واذا امر غيره بما نهى عنه نفسه يجد المامور آتيا بما امره به السادس . ايا . نحو ايا ما تدعوا فله الاسماء الحسنى وايا هي بحسب ما تضاف اليه السابع . متى . نحو قول الشاعر

* مَتَى أَضَعِ الْعِمَامَةَ تَعْرِفُونِي *

وايان . وهي ظرف ظمنت معنى الشرط نحو قول الشاعر

إِذَا النَّعْجَةُ الْعَجْفَاءُ بَاتَتْ بِقَفْرَةٍ * فَأَيَّانَ مَا تَعْدِلْ بِهِ الرِّيحُ تَنْزِلِ

التاسع . اين . وهي ظرف مكان ظمنت معنى الشرط نحو ايمنـــا تكونوا يدرككم الموت العاشر . انى . وهي ظرف ظمنت معنى الشرط نحو قول الشاعر

وَأَصْبَحْتَ أَنَّى تَأْتِهَا تَسْتَجِرْ بِهَا * تَجِدْ حَطَبًا جَزْلًا وَنَارًا تَأَجَّجَا

الحادى عشر . حيثما . وهي ظرف مكان وتكون للزمان ظمنت معنى الشرط نحو قول الشاعر

حَيْثُمَا تَسْتَقِمْ يُقَدِّرْ لَكَ اللَّـ * ـهُ نَجَاحًا فِي غَابِرِ الْأَزْمَانِ

الثاني عشر . كيفما * وهي اسم غير ظرف ثم ضمنت معنى الشرط نحو كيفما تقم اقم . وفي الخلاصة

وَاجْزِمْ بِإِنْ وَمَنْ وَمَا وَمَهْمَـــا * أَيٍّ مَتَـــى أَيَّـــانَ أَيْنَ إِذْ مَا
وَحَيْثُمَا أَنَّى وَحَـرْفٌ إِذْ مَـا * كَإِنْ وَبَاقِي الْأَدَوَاتِ أَسْمَـا

ثم اشار الناظم الى المرفوعات بعد ان ذكر الافعال المعربة فقال

الباب الثالث

في مرفوعات الاسماء

وَالرَّفْعُ أَبْوَابُهُ سَبْعٌ سَتَسْمَعُهَا * تُتْلَى عَلَيْكَ بِوَصْفٍ لِلْعُقُولِ جَلِي

يعني ان ابواب الرفع سبعة ستسرد عليك بابا بابا . وهي الفاعل . ونائبه . والمبتدا وخبره . واسم كان واخواتها . وخبران واخواتها . والتابع للمرفوع وهو اربعة اشياء النعت والعطف والتوكيد والبدل . والرفع مبتدا وجملة ابوابه سبع خبر المبتدا وقوله جلي معناه ظاهر وللعقول يتعلق به لما فيه من رائحة الفعل . ثم اشار الى اول ابواب الرفع وهو الفاعل فقال

اَلْفَاعِلُ اسْمٌ لِفِعْلٍ قَدْ تَقَدَّمَهُ * كَجَاءَ زَيْدٌ فَقَصِّرْ يَا أَخَا الْعَذَلِ

يعني ان الفاعل هو الاسم المرفوع المذكور قبله فعله متعد اولازم على طريقة فعل اوشبهه على طريقة فاعل نحو اتى زيد منيرا وجهه فعلم منه ان الفاعل لا يكون الا اسما مرفوعا ولا يكون الا متاخرا على عامله ثم ان الفاعل ينقسم الى ظاهر ومضمر فالظاهر اقسام ثمانية الاسم المفرد نحو جاء زيد والمثنى المذكر نحو جاء الزيدان وجمع المذكر السالم نحو جاء الزيدون وجمع التكسير نحو جاء الزيود والمفرد المؤنث نحو جاءت هند والمثنى المؤنث نحو جاءت الهندان وجمع المؤنث السالم نحو جاءت الهندات وجمع التكسير المؤنث نحو جاءت الهنود والمضمر وهو ما دل على متكلم او مخاطب او غائب فسمان متصل وهو ما لا يصح الابتداء به ولا يقع بعد الا في الاختيار ومنفصل وهو

ما يصح الابتداء به ويقع بعد الا فى الاختيار فمثال الاول . اكرمت اكرمنا اكرمت اكرمت اكرمتما اكرمتم اكرمتن والتا وحدها هي الفاعل على المشهـــور وما اتصل بها حروف دالـــة على التثنية والجمع وزيـد اكرم وهند اكرمت والزيـدان اكرما عمرا والزيـدون اكرموا خالـدا والهندات اكرمن بكرا ومثال الثانى نحو ما اكرم الا انا وما اكرم الا نحن وما اكرم الا انت وما اكرم الا انت وما اكرم الا انتما وما اكرم الا انتم وما اكرم الا انتن وما اكرم الا هو وما اكرم الا هي وما اكرم الا هما ومـا اكـرم الا هـم وما اكرم الا هن قوله الفاعل مبتدا وقوله اسم خبر وقوله لفعل قد تقدمه الجملة فى محل رفع نعت للاسم وقوله كجاء زيد خبر لمبتدا محذوف واشار بقوله فقصر يا اخا العذل الى انه قد اجحف فى الكلام على الفاعل فطلب مـن اللائم تقصير الملام

تـنـبـيـــه * السبب فى كون الفاعل مرفوعا والمفعول منصوبـا هو ان الفاعل واحد والمفعول متعدد لان الفعل قد يتعدى الى مفعـول واحد نحـو ضربت زيدا او الى مفعولين كاعطيت زيدا درهما والى ثلاثـة نحو اعلمـت زيدا بكرا صديقا فلما كثرت المفاعيل اختير لها اخف الحركات وهو النصب ولما قل الفاعل اختير له اثقل الحركات وهو الرفع حتى تقع الزيـــادة فى العدد مقابلة للزيادة فى المقدار فيحصل الاعتـدال ثم انهـم اختلفـــوا فى الاصل فى المرفوعات السبع ما هو فذهب الخليل الى ان الاصل فى الرفع الفاعل والبواقي مشبهة وقال سبويه الاصل هو المبتدا والبواقي مشبهـة وقـال الاخفش كل واحد اصل بنفسه ثم ان الفاعل كالجزء من الفعـــل فلذالـك

سكنوا اخر الفعل الماضي اذا اتصل به ضمير رفع متحرك لئلا يجتمع اربع متحركات ثم انه قد يكون الفاعل منصوبا والمفعول مرفوعا اذا امن اللبس نحو خرق الثوبُ المسمارَ وكسر الزجاجُ الحجرَ قال في الكافية

وَرَفْعَ مَفْعُولٍ بِهِ لَا يُلْتَبَسْ * مَعْ نَصْبِ فَاعِلٍ رَوَوْا فَلَا تَقِسْ

ثمّ اشار الى الثاني من المرفوعات وهو نائب الفاعل فقال

وَنَائِبُ الْفَاعِلِ اسْمٌ كَانَ مُنْتَصِبًا * فَصَارَ مُرْتَفِعًا لِلْحَذْفِ فِي الْأَوَّلِ
كَقِيلَ خَيْرٌ وَصِيمَ الشَّهْرُ أَجْمَعُهُ * وَقِيلَ قَوْلٌ وَزَيْدٌ بِالْوُشَاةِ بُلِي

يعني ان النائب هو الاسم الذى كان منتصبا قبل النيابة فصار بعدها مرفوعا فتجري عليه احكام الفاعل كلها فيؤنث الفعل له ان كان مؤنثا نحو ضربت هند ولا يجوز تقديمه على الفعل بعد ان كان جائز التقديم ثم ان الفعل ان كان ماضيا صحيح العين ضم اوله وكسر ما قبل اخره وان كان معتل العين كسر اوله فمثال الاول ضرب بضم اوله وكسر ما قبل اخره ومثال الثاني قيل وبيع قال ابن مالك في لامية الافعال

إِنْ تُسْنِدِ الْفِعْلَ لِلْمَفْعُولِ فَأْتِ بِهِ * مَضْمُومَ الْأَوَّلِ وَاكْسِرْهُ إِذَا اتَّصَلَا
بِعَيْنٍ اعْتَلَّ وَاجْعَلْ قَبْلَ الْآخِرِ فِي الْـ * ـمُضِيِّ كَسْرًا وَفَتْحًا فِي سِوَاهُ تَلَا

واذا كان الفعل مبدوا بهمزة الوصل ضم اوله وثالثه وكسر ما قبل اخره واذا كان مبدوا بتاء المطاوعة ضم اوله وثانيه وكسر ما قبل اخر وفي لامية الافعال .

ثَالِثَ ذِي هَمْزِ وَصْلٍ ضُمَّ مَعْهُ وَمَعْ * تَاءِ الْمُطَاوَعَةِ اضْمُمْ تِلْوَهَا بِوِلَا

نحو زيد قائم والمأول نحو وان تصوموا خير لكم فهو في تأويل مصدر مرفوع على انه مبتدا والتقدير صومكم خير لكم والمجرد من العوامل اللفظية مخرج للفاعل نحو قام زيد فان عامله لفظي وهو قام واسم كان نحو كان زيد قائما وعلم منه ان عامل المبتدا معنوي وهو الابتداء والابتداء عبارة عن الاهتمام بالشيء وجعله اولا ليخبر عنه ثانيا وقوله الغير الزائدة يدخل بحسبك درهم اذ الزائد وجوده وعدمه على حد السواء . والمبتدا قسمان ظاهر ومضمر فالظاهر نحو قولك زيد محسن والمضمر نحو قولك نحن مجتهدون والخبر قسمان مفرد وغير مفرد فالمفرد هو ما ليس جملة ولاشبهها نحو زيد قائم والزيدان قائمان والزيدون قائمون وما اشبه ذلك ثم ان المفرد ان كان جامدا فهو خال من الضمير نحو هذا اخوك وان كان مشتقا ففيه ضمير مستتر وفي الخلاصة

وَالْمُفْرَدُ الْجَامِدُ فَـارِغٌ وَإِنْ * يُشْتَقَّ فَهْوَ ذُو ضَمِيرٍ مُسْتَكِنْ

وغير المفرد اربعة اشياء الجملة الفعلية نحو زيد قام ابوه فجملة قام ابوه في محل رفع خبر المبتدا . والجملة الاسمية نحو زيد ابوه قائم فجملة ابوه قائم في محل رفع خبر المبتدا ثم ان الخبر اذا وقع جملة فلابد ان يوجد رابط والروابط اربعة الضمير وهو الاصل كما تقدم في المثالين والاشارة نحو ولباس التقوى ذلك خير فجملة ذلك خير خبر لباس الواقع مبتدا والرابط الاشارة والثالث التكرار نحو الحاقة ما الحاقة فجملة ما الحاقة خبر المبتدا وهو الحاقة الاولى والرابط تكرار المبتدا والعموم نحو نعم الرجل زيد فزيد مبتدا وجملة نعم الرجل خبر والرابط العموم لان ال في الرجل للاستغراق فيدخل زيد في

وان كان مضارعا ضم اوله وفتح ما قبل اخره نحو يضرب زيد ويكرم عمرو ثم ان نائب الفاعل قد يكون ظرفا متصرفا نحو صيم الشهر ومصدرا غير مؤكد نحو سير سير حسن اوجارا ومجرورا نحو مر بزيد وفي الخلاصة

وَقَابِلٌ مِنْ ظَرْفٍ أَوْ مِنْ مَصْدَرٍ * أَوْ حَرْفِ جَرٍّ بِنِيَابَةٍ حَرِ

ونائب الفاعل قسمان ظاهر ومضمر فالظاهر نحو قولك ضرب عمرو وقيل قول وصيم الشهر ومر بزيد والمضمر اثنا عشر نحو قولك اكرمت بضم اوله وكسر ما قبل اخره واكرمنا واكرمت واكرمت واكرمتما واكرمتم واكرمتن واكرم واكرمت واكرما واكرموا واكرمن قوله ونائب الفاعل مبتدا ومضاف اليه وقوله اسم خبر المبتدا وجملة كان منتصبا نعت لاسم وجملة فصار مرتفعا معطوفة على الجملة قبلها والحذف علة لما قبله اي انما صار مرفوعا لاجل حذف الفاعل واقامته مقامه ثم مثل فقال كنيل خير بكسر اول الفعل لكونه معتل العين وصيم الشهر مثال لنيابة الظرف وقيل قول مثال لنيابة المصدر وزيد يلي بالوشاة مثال لاقامة الجار والمجرور والوشاة الرقباء ثم اشار الى الثالث والرابع من المرفوعات وهو المبتدا والخبر فقال

وَالْمُبْتَدَا نَحْوُ زَيْدٌ قَائِمٌ وَأَنَا * فِي الدَّارِ وَهْوَ أَبُوهُ غَيْرُ مُمْتَثِلِ
وَمَا بِهِ تَمَّ مَعْنَى الْمُبْتَدَا خَبَرٌ * كَالشَّأْنِ فِي نَحْوِ زَيْدٌ صَاحِبُ الدُّوَلِ

يعنى ان المبتدا هو الاسم المرفوع المجرد عن العوامل اللفظية الغير الزائدة للاسناد . والخبر هو الجزء الذى تكمل به الفايدة فالاسم يشمل الصريح

محذوف ومعنى الشان الحال ثم اشار الى نواسخ الابتدا وانما سميت بذلك لانها تنسخ عمل الابتداء في المبتدا وعمل المبتدا في الخبر ويصير العمل لها وهي ثلاثة اقسام قسم يرفع المبتدا وينصب الخبر وهي كان واخواتها وقسم ينصب المبتدا ويرفع الخبر وهي ان واخواتها وقسم ينصبهما معا وهي ظننت واخواتها واشار الى القسم الاول وهو كان فقال

وَكَانَ تَرْفَعُ مَا قَدْ كَانَ مُبْتَدَأً * إِسْمًا وَتَنْصِبُ مَا قَدْ كَانَ بَعْدُ وَلِي
وَمِثْلُهَا أَدَوَاتٌ أُلْحِقَتْ عَمَلاً * بِهَا كَأَصْبَحَ ذُو الْأَمْوَالِ فِي الْحُلَلِ
وَبَاتَ أَضْحَى وَظَلَّ الْعَبْدُ مُبْتَسِمًا * وَصَارَ لَيْسَ كِرَامُ النَّاسِ كَالسُّفَلِ
وَأَرْبَعٌ مِثْلُهَا وَالنَّفْيُ يَلْزَمُهَا * أَوْ شِبْهُهُ كَالْفَتَى فِي الدَّارِ لَمْ يَزَلِ

يعني ان كان ترفع ما قد كان مبتدا وتنصب ما قد كان مواليا له وهو الخبر ويسمى الاول اسمها والثاني خبرها وفي الخلاصة

تَرْفَعُ كَانَ الْمُبْتَدَا اسْمًا وَالْخَبَرْ * تَنْصِبُهُ كَكَانَ سَيِّدًا عُمَرْ

وقوله ومثلها ادوات اي افعال الحقت بها في العمل وهي اخوات كان اما كان فهي لاتصاف المخبر عنه بالخبر في الزمان الماضي اما مع الدوام نحو كان ربك قديرا او مع الانقطاع نحو كان الشيخ شابا الثاني اصبح وهي لاتصاف المخبر عنه بالخبر في الصباح نحو اصبح ذو الاموال في الحلل فاصبح فعل ماض ناسخ وذو الاموال اسمها وفي الحلل يتعلق بمحذوف خبرها والثالث بات وهي لاتصاف المخبر عنه بالخبر ليلا نحو بات زيد ساهرا والرابع اضحى وهي لاتصاف المخبر عنه بالخبر في

العموم هذا اذا لم يكن الخبر عين المبتدا في المعنى واما اذا كان عين المبتدا في المعنى فلا يحتاج لرابط نحو قل هو الله وفي الخلاصة

وَمُفْرَدًا يَأْتِي وَيَاتِي جُمْلَهْ * حَاوِيَةً مَعْنَى الَّذِي سِيقَتْ لَهُ
وَإِنْ تَكُنْ إِيَّاهُ مَعْنًى اكْتَفَى * بِهَا كَنُطْقِي اللهُ حَسْبِي وَكَفَى

والثالث والرابع الظرف والجار والمجرور نحو زيد في الدار وزيد عندك والخبر متعلقهما المحذوف على الصحيح واختلف هل يقدر اسما لان الاصل في الخبر ان يكون مفردا او فعلا لان الاصل في العمل للافعال والمشهور الاول وفي الخلاصة

وَأَخْبَرُوا بِظَرْفٍ أَوْ بِحَرْفِ جَرّْ * نَاوِينَ مَعْنَى كَائِنٍ أَوِ اسْتَقَرّْ

ولا يجوز الاخبار باسم الزمان عن الذات فلا تقول زيد اليوم والهلال الليلة متاول وفي الخلاصة

وَلَا يَكُونُ اسْمُ زَمَانٍ خَبَرَا * عَنْ جُثَّةٍ وَإِنْ يُفِدْ فَأَخْبِرَا

والرافع للمبتدا الابتداء وللخبر المبتدا على الصحيح وفي الخلاصة

وَرَفَعُوا مُبْتَدَأً بِالِابْتِدَا * كَذَاكَ رَفْعُ خَبَرٍ بِالْمُبْتَدَا

قوله والمبتدا مبتدا ونحو زيد الخ خبر ومثل للمفرد بقوله زيد قائم ولوقوع الخبر ظرفا بقوله زيد في الدار والجملة الاسمية بقوله وهو ابوه غير ممتثل وقوله وما به تم ما مبتدا وبه تم صلة ما وخبر خبر المبتدا وقوله كالشان خبر لمبتدا

ومثلها مبتدا وادوات خبر وقوله كاصبح خبر لمبتدا محذوف ثم لما تمم الكلام على القسم الاول من النواسخ شرع في الكلام على القسم الثاني فقال

وَإِنَّ تَفْعَلُ هٰذَا الْفِعْلَ مُنْعَكِسًا * كَأَنَّ قَوْمَكَ مَعْرُوفُونَ بِالْجَدَلِ
لَعَلَّ لَيْتَ كَأَنَّ الرَّكْبَ مُرْتَحِلُ * لٰكِنَّ زَيْدَ بْنَ عَمْرٍو غَيْرُ مُرْتَحِلِ

يعني أن إن عملها عكس عمل كان فتنصب المبتدا وترفع الخبر وهي ستة احرف ان وان وكان ولكن وليت ولعل ولا يختلف عملها وانما يختلف معناها فمعنى ان وان للتوكيد تقول ان الله غفور رحيم وبلغني ان زيدا فاضل وتمتاز ان المفتوحة من ان المكسورة بانها لابد ان يطلبها عامل كالمثال السابق وتكسر ان في اماكن في الابتدا وبعد القسم واذا وقعت في صلة صدر الموصول واذا وقعت في جواب القسم وبعد حيث ومعنى لعل للترجي نحو لعل الله راحم عبده وليت للتمني نحو ليت الحبيب قادم وكان للتشبيه ولكن للاستدارك وهو تعقيب الكلام برفع ما يتوهم ثبوته او نفيه نحو كان الركب مرتحل لكن زيد بن عمرو غير مرتحل واذا اتصلت ما بهذه الاحرف بطل عملها لزوال اختصاصها بالاسمية الا ليت فانها تعمل وفي الخلاصة

وَوَصْلُ مَا بِذِي الْحُرُوفِ مُبْطِلُ * إِعْمَالَهَا وَقَدْ يُبْقَى الْعَمَلُ

وروي بالوجهين قول النابغة

أَلَا لَيْتَمَا هٰذَا الْحَمَامُ لَنَا * إِلَى حَمَامَتِنَا وَنِصْفُهُ فَقَدِ

الضحى نحو اضحى زيد غنيا وأمسى وبات والخامس ظل وهي لا تصاف المخبر عنه بالخبر نهارا نحو ظل العبد مبتسما وصار وهي للتحويل والانتقال نحو صار السعر رخيصا وليس وهي لنفي الحال عند الاطلاق والتجرد من القرينة نحو ليس كرام الناس كالسفل اي ليس اشرف الناس كاسفلهم وارذلهم وما دام وهي لاستمرار الخبر نحو اعط مادمت مصيبا درهما وما زال وما انفك وما فتئ وما برح بشرط تقدم النفي او شبهه وهو معنى قوله واربع مثلها في العمل والنفي يلزمها دائما ثم مثل فقال كالفتى في لم يزل وما تصرف منها يعمل عملها وفي الخلاصة

وَغَيْرُ مَاضٍ مِثْلَهُ قَدْ عَمِلَا * إِنْ كَانَ غَيْرُ الْمَاضِي مِنْهُ اسْتُعْمِلَا

ويتوسط الخبر في جميع هذه الادوات نحو كان قائما زيد وقول الشاعر

سَلِي إِنْ جَهِلْتِ النَّاسَ عَنَّا وَعَنْهُمُ * فَلَيْسَ سَوَاءً عَالِمٌ وَجَهُولُ

ويتقدم الخبر على جميع هذه الافعال الا دام وما كان منفيا وكلها تستعمل تامة وناقصة الا ثلاثة فتئ وليس وزال ومعنى التمام الاكتفاؤها بمرفوعها ومعنى النقصان ان تفتقر الى منصوب وفي الخلاصة

وَذُو تَمَامٍ مَا بِرَفْعٍ يَكْتَفِي * وَمَا سِوَاهُ نَاقِصٌ وَالنَّقْصُ فِي

* فَتِئَ لَيْسَ زَالَ دَائِمًا قُفِي *

قوله وكان مبتدا محكي قصد لفظه وجملة ترفع خبر المبتدا وتنصب فعل مضارع وفاعله مستتر وما قد كان الخ مفعول به وجملة قد كان صلة ما وقوله

الفاعل وهي على ثلاثة اقسام ما يفيد الرجحان وما يفيد اليقين وما يفيد التصيير فالاول نحو ظن زيد خالدا ثقة وحسب بكر عمرا عالما وعلمت صالحا محسنا وخلت الهلال لائحا والثاني نحو قولك رأى الناس عمرا واسع الامل وعلمت الرسول صديقا ووجدت الصدق منجيا والثالث نحو جعلت الطين ابريقا واتخذ الله ابراهيم خليلا والى امثلة ذلك اشار ابن مالك بقوله

أَنْصِبْ بِفِعْلِ الْقَلْبِ جُزْءَيِ ابْتِدَا * أَعْنِي رَأَى خَالَ عَلِمْتُ وَجَدَا
ظَنَّ حَسِبْتُ وَزَعَمْتُ مَعَ عَدْ * حَجَا دَرَى وَجَعَلَ اللَّذْ كَاعْتَقَدْ
وَهَبْ تَعَلَّمْ وَالَّتِي كَصَيَّرَا * أَيْضًا بِهَا انْصِبْ مُبْتَدًا وَخَبَرَا

والناظم لم يذكر افعال التصيير . ويجوز الالغاء في افعال القلوب وهو ابطال العمل لفظا ومحلا لغير موجب اذا تاخرت او توسطت نحو قولك زيد ظننت قائم وزيد قائم ظننت ويجوز فيها التعليق ايضا وهو ابطال العمل لفظا لا محلا لموجب وهو اذا وقع بعدها ان النافية ولا النافية ولام الابتداء او قسم او استفهام نحو وتظنون ان لبثتم الا قليلا والله يعلم انك لرسوله . قوله وخذ فعل امر وبفية مفعول وابواب مضاف اليه وهو مضاف ايضا والنواسخ مضاف اليه واذ تعليلية وكانت فعل ماض وفيه ضمير مستتر اسمها وثالثا خبرها وذاك مبتدا والثلث بدل وجملة لم يقل خبر المبتدا ومعناه ان هذا القسم لم يذكره فيما سبق وقد ذكره الان وقوله فظن مبتدا محكي وجملة تنصب جزءي خبر المبتدا وقوله وضم لها امثالها فعل امر وفاعل مستتر ولها

قوله وان مبتدا محكي وجملة تفعل هذا الفعل خبر المبتدا وقوله كان قومك الخ خبر لمبتدا محذوف والاعراب ما بقي واضح ومما يجب التيقظ له هو ان خبر ان لا يتوسط الا اذا كان ظرفا اوجارا ومجرورا ولا يتقدم عليه بالاحرى وفي الخلاصة

وَرَاعِ ذَا ٱلتَّرْتِيبَ إِلَّا فِي ٱلَّذِي * كَلَيْتَ فِيهَا أَوْهُنَا غَيْرَ ٱلْبَذِي

ثم ان ان المكسورة يقترن خبرها بلام التوكيد جوازا نحو ان زيدا لقائم ونحو اني لوزر وتخفف فتهمل ويلزم اللام في خبرها اذا اهملت فرقا بينها وبين ان النافية وفي الخلاصة

وَخُفِّفَتْ إِنَّ فَقَلَّ ٱلْعَمَلُ * وَتَلْزَمُ ٱللَّامُ إِذَا مَا تُهْمَلُ

واما ان خففت ان المفتوحة الهمزة فيكون خبرها محذوفا والجملة بعدها خبر نحو علم ان سيكون منكم مرضى قال ابن مالك

وَإِنْ تُخَفَّفْ أَنَّ فَاسْمُهَا اسْتَكَنْ * وَالْخَبَرَ اجْعَلْ جُمْلَةً مِنْ بَعْدِ أَنْ

ثم شرع في تتميم بقية النواسخ فقال

وَخُذْ بَقِيَّةَ أَبْوَابِ ٱلنَّوَاسِخِ اذْ * كَانَتْ ثَلَاثًا وَذَاكَ ٱلثُّلْثُ لَمْ يُقَلِ
ظَنَّ تَنْصِبُ جُزْءَيْ جُمْلَةٍ نُسِخَتْ * بِهَا وَضُمَّ لَهَا أَمْثَالَهَا وَسَلِ
مِثَالُهُ ظَنَّ زَيْدٌ خَالِدًا ثِقَةً * وَقَدْ رَأَى ٱلنَّاسُ عَمْرًا وَاسِعَ ٱلْأَمَلِ

يعني أنه ذكر الباب الثالث من ابواب النواسخ وهو باب ظن واخواتها وهي تدخل على المبتدا والخبر فتنصبهما على انهما مفعولان لها بعد اخذها

الفاضلة امهما ومررت بالزيدين الفاضلة امهما ويقع النعت جملة محتوية على ضمير لكن اذا وقعت بعد نكرة نحو جاء رجل يضحك فجملة يضحك في محل رفع نعت لرجل والرابط الضمير المستتر والجملة الطلبية لا تقع نعتا وان اتى في كلام العرب ما يوهم جواز ذلك فانه يضمر قول وتكون الجملة محكية بالقول نحو قول الشاعر

حَتَّى إِذَا جَنَّ ٱلظَّلَامُ وَاخْتَلَطْ * جَاءُوا بِمَذْقٍ هَلْ رَأَيْتَ ٱلذِّئْبَ قَطْ

قوله وتلك ستة ابواب مبتدا وخبر وسابعها فعل مضارع وفاعل مستتر ومفعول به وقوله كزيد العدل خبر لمبتدا محذوف والثاني من التوابع العطف وهو التابع لما قبله في اعرابه بواسطة حرف من حروف عشرة الاول الواو لمطلق الجمع نحو جاء زيد وعمرو الثاني الفاء للترتيب والتعقيب نحو جاء زيد فعمرو والتعقيب في كل شيء بحسبه الثالث ثم وهي للترتيب والتراخي نحو جاء زيد ثم عمرو اذا كان بينهما مهلة والرابع او وهي للتخيير نحو تزوج هندا او اختها والاباحة نحو تعلم فقها او نحوا ولا يجوز الجمع في التخيير ويجوز في الاباحة وتكون للشك نحو لبثنا يوما او بعض يوم والتشكيك نحو وانا او اياكم لعلى هدى او في ضلال مبين وتكون للتقسيم نحو الكلمة اسم او فعل او حرف والشك يجامع العلم بخلاف التشكيك والخامس ام لطلب التعيين نحو اعندك زيد ام عمرو اذا كنت عالما بان احدهما عنده ولاكنك جهلت عينه والسادس اما المسبوقة بمثلها وهي مثل او نحو خذ اما هندا واما دعدا وهذه تشرك ما بعدها مع ما قبلها في المعنى والاعراب والسابع بل

متعلق به وامثالها مفعول به اى وضم لظن اخواتها وسل من يعلمك على ما لم يذكر من اخواتها ثم اشار الى الباب السابع من المرفوعات فقال

وَتِلْكَ سِتَّةُ أَبْوَابٍ سَأُتْبِعُهَا * بِالنَّعْتِ وَالْعَطْفِ وَالتَّوْكِيدِ وَالْبَدَلِ

كَزَيْدُ الْعَدْلُ قَدْ وَافَى وَخَادِمُهُ * أَبُو الضِّيَا نَفْسُهُ مِنْ غَيْرِ مَا مَهَلِ

يعني ان الابواب السابقة سته كما سبق وهي الفاعل ونائبه والمبتدا وخبره واسم كان وخبر ان وقد اتبع ذلك بالكلام على السابع وهو المراد بقوله سأتبعها بالنعت والعطف والتوكيد والبدل اما التابع مطلقا فهو المشارك لما قبله فى اعرابه الحاصل والمتجدد فخرج بقوله الحاصل والمتجدد الخبر وحال المنصوب فانهما انما يتبعان ما قبلهما فى الحاصل فقط ولم يتبعاه فى المتجدد وفى الخلاصة

يَتْبَعُ فِى الْإِعْرَابِ الْأَسْمَاءَ الْأُوَلْ * نَعْتٌ وَتَوْكِيدٌ وَعَطْفٌ وَبَدَلْ

اما النعت فهو التابع الموضح لما قبله ان كان معرفة والمخصص له ان كان نكرة المشتق بالفعل او بالقوة ثم انه ان رفع ضميرا يعود على المنعوت تبع ما قبله فى اربعة من عشرة وهي الرفع والنصب والخفض والافراد والتثنية والجمع والتعريف والتنكير والتذكير والتانيث نحو جاء زيد الكاتب ورأيت زيدا الكاتب ومررت بزيد الكاتب وان رفع ظاهرا ملتبسا بضمير يعود على غير من هو له فى المعنى تبع منعوته فى اثنين من خمسة فقط وهي القاب الاعراب الثلاثة والتعريف والتنكير نحو جاء زيد الفاضلة امه ورأيت الزيدين

بعض من كل وبدل الاشتمال وهو ان يكون المبدل مقتضيا للبدل طالبا له بحيث تبقى النفس متشوفة له نحو يسألونك عن الشهر الحرام قتال فيه وبدل الغلط نحو رأيت زيدا الفرس اردت ان تقول الفرس فغلطت فابدلت زيدا منه ويجوز بدل الظاهر من المضمر وفي الخلاصة

كَزُرْهُ خَالِدًا وَقَبِّلْهُ الْيَدَا * وَاعْرِفْهُ حَقَّهُ وَخُذْ نَبْلًا مُدَى

فالاول بدل كل من كل والثاني بدل بعض من كل والثالث بدل الاشتمال والرابع بدل الغلط ثم ان البدل على نية تكرار العامل على المشهور . ويبدل الفعل من الفعل نحو من يفعل ذلك يلق اثاما يضاعف فيضاعف بدل من يلق وفي الخلاصة

وَيُبْدَلُ الْفِعْلُ مِنَ الْفِعْلِ كَمَنْ * يَصِلْ إِلَيْنَا يَسْتَعِنْ بِنَا يُعَنْ

والله الموفق للصواب ثم لما فرغ من المرفوعات طفق يتكلم على المنصوبات فقال

الباب الرابع

في منصوبات الاسماء

وَبَعْدَ ذِكْرِي لِمَرْفُوعَاتِ الاسْمِ عَلَى * تَرْتِيبِهَا السَّابِقِ الْخَالِي مِنَ الزَّلَلِ

أَقُولُ جُمْلَةُ مَنْصُوبَاتِهِ عَدَدًا * عَشْرٌ وَسَبْعٌ وَهَذَا أَوْضَحُ السُّبُلِ

اخبر انه بعد ذكره للمرفوعات على ترتيبها السابق الخالي من الزلل اراد ان يتكلم على جملة منصوبات الاسماء وهي سبعة عشر فقال وهذه الطريقة

للاضراب بعد الايجاب او الامر نحو اضرب زيدا بل عمرا وجاء زيد بل عمرو والثامن لكن بسكون النون حرف استدراك وعطف نحو لا تضرب زيدا لكن عمرا والتاسع لا وهي لقصر القلب او الافراد نحو جاء زيد لا عمرو كما تعتقد او جاء زيد لا عمرو اي لم يجيئا معا كما تزعم بل جاء زيد فقط وهذه الثلاثة تشرك في اللفظ فقط والعاشر حتى وتكون عاطفة في بعض المواضع وهي للتدريج والغاية والثالث التوكيد وهو التابع لما قبله في رفعه ونصبه وخفضه وتعريفه الرافع احتمال تقدير اضافة في المتبوع ويكون بالنفس والعين مضافين لضمير المؤكد لانك تقول جاء زيد فيحتمل ان يكون الكلام على حذف مضاف وان الاصل جاء غلام زيد فحذف المضاف واقيم المضاف اليه مقامه فارتفع ارتفاعه فاذا اردت رفع هذا الاحتمال قلت جاء زيد نفسه وجاءت هند عينها ويكون التوكيد لرفع احتمال الخصوص بما ظاهره العموم ويكون بكل وكلا وكلتا واجمع وجمعاء وجمعهما لانك تقول جاء القوم فيحتمل ان الجائي بعض القوم وانك عبرت بالكل واردت البعض فاذا اردت التنصيص قلت جاء القوم كلهم اجمعون وجاء الجيش كله وجاءت القبيلة كلها جمعاء وجاء الزيدان كلاهما والهندان كلتاهما ولا يتبع التوكيد نكرة لان الفاظه معارف بتقدير الاضافة والرابع البدل وهو التابع المقصود بالحكم بلا واسطة فالتابع جنس والمقصود بالحكم مخرج لما عدا عطف النسق وبلا واسطة مخرج له وهو اربعة اقسام بدل المطابق نحو اهدنا الصراط المستقيم صراط الذين انعمت عليهم فصراط الذين بدل من الصراط وبدل البعض من الكل نحو ولله على الناس حج البيت من استطاع فمن استطاع بدل من الناس بدل

* بِمِثْلِهِ أَوْ فِعْلٍ أَوْ وَصْفٍ نُصِبْ *

ثم انه قد ينوب عن المصدر في النصب على المفعولية المطلقة كليته او بعضه او عدده او الاشارة فمثال الاول جد كل الجد ومثال الثاني ولو تقول علينا بعض الاقاويل ومثال الثالث فاجلدوهم ثمانين جلدة ومثال الرابع نحو ضربت ذلك الضرب وفي الخلاصة

وَقَدْ يَنُوبُ عَنْهُ مَا عَلَيْهِ دَلْ * كَجِدَّ كُلَّ الْجِدِّ وَافْرَحِ الْجَذَلْ

الثاني من المفاعيل المفعول به واليه اشار بقوله ابا عمرو فانه مفعول بقوله ضربت ويحد بانه الاسم المنصوب الذي يقع عليه فعل الفاعل ويصح نفيه عنه بمعنى انه لا تتعقل معنى الفعل الا به ليدخل ما ضربت زيدا . ويكون ظاهرا نحو قولك ضربت زيدا وقرات الفاتحة وتعلمت الحساب ومضمرا وهو قسمان متصل ومنفصل فالمتصل نحو اكرمني زيد اكرمنا عمرو اكرمك خالد اكرمك اكرمكما اكرمكم اكرمكن اكرمه اكرمها اكرمهما اكرمهم اكرمهن والمنفصل وهو الذى يصح الابتداء به ويقع بعد الا اوما في معناها نحو اياك نعبد واياك نستعين والضمير ايابكسر الهمزة والكاف حرف خطاب وكذا يقال في اياكما اياكم اياكن وهكذا وفي الخلاصة

وَذُو انْتِصَابٍ فِي انْفِصَالٍ جُعِلَا * إِيَّايَ وَالتَّفْرِيعُ لَيْسَ مُشْكِلَا

والثالث من المفاعيل الظرف وهو قسمان ظرف زمان وظرف مكان اما ظرف الزمان فهو الاسم المنصوب باللفظ الدال على المعنى الواقع فيه ويقبل

التي ارتكبها المؤلف في اوضح الطرق بقوله وبعد ذكري يتعلق باقول ومعداه اذكر فلذلك نصب جملة ومنصوبات مضاف بجملة وقوله عددا تمييز وعشر وسبع خبر لمبتدا محذوف وقوله وهذا اوضح السبل مبتدا وخبر ومضاف اليه وبدأ بالمفاعيل الخمسة فقال

مِنْهَا الْمَفَاعِيلُ خَمْسٌ مُطْلَقٌ وَبِـــهِ * وَفِيـــهِ مَعَهُ لَهُ وَانْظُرْ إِلَى الْمُثُـــلِ
ضَرَبْتُ ضَرْبًا أَبَا عَمْرٍو غَـــدَاةَ أَتَى * وَجِئْتُ وَالنِّيلَ خَوْفًا مِنْ عِتَابِكَ لِي

اخبر ان المفاعيل خمس وطريق الحصر ان تقول الفاعل لابد له من فعل وهو المصدر ولابد لذلك الفعل من زمان ولذلك الفاعل غرض ثم قد يقع ذلك الفعل على شيء اخر وهو المفعول به ومعه شيء اخر وهو المفعول معه ولنذكرها على الترتيب الذي ذكره الناظم الاول المصدر واليه اشار بقوله ضربت ضربا وحقيقته الاسم المنصوب الذي يصدق عليه قولنا مفعول غير مقيد بجار ومجرور وظرف لانه مفعول الفعل حقيقة وهو ثلاثة اقسام توكيدي ونوعي وعددي فالاول نحو ضربت ضربا وكلم الله موسى تكليما والثاني نحو ضربته ضرب الامير والثالث نحو ضربته ضربة او ضربتين وفي الخلاصة

تَوْكِيدًا أَوْ نَوْعًا يُبِينُ أَوْ عَـدَدْ * كَسِرْتُ سَيْرَتَيْنِ سَيْرَ ذِي رَشَدْ

والناصب له فعل او مصدر او وصف فالاول نحو قولك اكرمت اكراما فالناصب له اكرمت والثاني نحو اعجبني اكرامك اكراما فالناصب له اكرامك والثالث انا ضارب زيدا ضربا فالناصب له ضارب وفي الخلاصة

بالاسم الفعل في نحو قولك لا تاكل السمك وتشرب اللبن وخرج بالفضلة العمدة في نحو قولك اختصم زيد وعمرو وبالمسبوق بواو دالة على المعية الواقع بعد مع في نحو قولك جاء الامير مع الجيش وبالمسبوق بجملة المسبوق بمفرد في نحو قولك كل رجل وضيعته وخرج بقوله معنى الفعل وحروفه ما اذا كان مسبوقا بجملة فيها اسم فيه معنى الفعل لا حروفه نحو قولك هذا لك واباك فلا يتكلم به بل يقال هذا لك ولابيك فمثال ما توفرت فيه الشروط سيري والطريق واستوى الماء والخشبة وما اشبه ذلك والناصب الفعل وشبهه ففي الخلاصة

يُنْصَبُ تَالِي الْوَاوِ مَفْعُولاً مَعَهْ * فِي نَحْوِ سِيرِي وَالطَّرِيقَ مُسْرِعَهْ
بِمَا مِنَ الْفِعْلِ وَشِبْهِهِ سَبَقْ * ذَا النَّصْبُ لَا بِالْوَاوِ فِي الْقَوْلِ الْأَحَقّ

الخامس المفعول له وهو المصدر المنصوب القلبي الذى يؤتى به علة وبيانا لسبب وقوع فعل شاركه في الزمان والفاعل نحو قصدتك ابتغاء معروفك فالابتغاء مصدر لانك تقول ابتغى يبتغي ابتغاء وقد جيء به لسبب وقوع الفعل وهو قصدتك وقد اشترك هو والفعل في الزمان والفاعل وهو من الافعال القلبية لان الابتغاء محله القلب . وهو ثلاثة اقسام مضاف ومقرون بال ومجرد منها نحو انيتك قراءة العلم وضربت ابني التاديب وقام زيد اجلالا لعمرو والناصب له الفعل او ما اشبهه فهذا ما يمكن من الكلام على المفاعيل الخمسة اذ المقام مقام اختصار وبالله التوفيق ثم اشار الى السادس من المنصوبات وهو اسم لا النافية للجنس فقال

النصب على الظرفية مطلقا سواء كان مبهما او مختصا والمختص هو ما يقع جوابا لمتى اوكم والمبهم غيرهما وانما قبل النصب على الظرفية مطلقا لان الفعل يدل عليه بالتضمن ودلالة التضمن دلالة اللفظ على جزء المعنى وبيانه ان الفعل يدل على الحدث والزمان مطابقة وعلى احدهما تضمنا ودلالته على المكان التزامية وهي خارجة اذ هي دلالة اللفظ على لازم المعنى تقول صمت اليوم او يوما طويلا واعتكفت الليلة او ليلة الخميس او ليلة وآتيك سحرا او سحر يوم الخميس وقرأت حين جاء الشيخ وهكذا . وظرف المكان هو اسم المكان المبهم المنصوب باللفظ الدال على المعنى الواقع فيه فمن ظروف المكان المبهمة الجهات الست نحو يمين وشمال وامام ويرادفه قدام ووراء ويرادفه خلف وفوق ويرادفه اعلا وتحت ويرادفه اسفل تقول جلست امام الشيخ وصليت خلف عمرو ونمت تحت الشجرة والركب اسفل منكم وزيد اعلا السطح ومن الظروف المكانية المبهمة المساحة كفرسخ وبريد وميل في نحو قولك سرت بريدا وفرسخا او ميلا ومنه ازاء وتلقاء ومع وعند وحذاء بالذال المعجمة تقول جلست تلقاء الكعبة واجتمعت مع زيد وكذلك ما صيغ من مصدر فعل اتحدت مادته ومادة فاعله كرميت مرمى زيد وذهبت مذهب عمرو وفي الخلاصة

نَحْوُ ٱلْجِهَاتِ وَٱلْمَقَادِيرِ وَمَا * صِيغَ مِنَ ٱلْفِعْلِ كَمَرْمًى مِنْ رَمَى

الرابع المفعول معه وحده الاسم المنصوب الفضلة المسبوق بواو دالة على المعية وقبله جملة مشتملة على فعل او اسم فيه معنى الفعل وحروفه فخرج

وهو مثال للمضاف وجملة ينجو من الخطل خبر لا والخطل العطب ثم اشار الى سابع المنصوبات وهو المنادى فقال رحمه الله

وَٱبْنِ ٱلْمُنَادَى عَلَى مَا كَانَ مُرْتَفِعًا * بِهِ وَقُلْ يَا إِمَامُ ٱعْدِلْ وَلَا تَمِلِ
وَإِنْ تُنَادِ مُضَافًا أَوْ مُشَاكِلَهُ * قُلْ يَا رَحِيمًا بِنَا يَا غَافِرَ ٱلزَّلَلِ

المنادى هو المطلوب اقباله بيا او باحدى اخواتها والمعنى ان المنادى اذا كان مفردا معربا فيبنى على الضم فى نحو يا زيد وعلى نائبه فى نحو يا زيدان ويا زيدون ثم مثل الناظم للمفرد فقال وقل يا امام اعدل فى حكمك ولا تمل اي تجر وان كان مضافا او شبهه فانه ينصب ثم مثل فقال يا رحيما بنا وهذا من الشبيه بالمضاف ويا غافر الزلل هو من المضاف . والنكرة المقصودة تبنى على الضم نحو قولك لرجل معين يا رجل واما النكرة غير المقصودة فانها تنصب كقول الواعظ يا غافلا والموت يطلبه فقوله وابن فعل امر وفاعله مستتر وجوبا والمنادى مفعول به وعلى ما جار ومجرور وجملة كان مرتفعا صلة ما وقل فعل امر ويا امام الخ فى محل نصب محكي بقل وان تناد جازم ومجزوم وقل جواب الشرط وحذف الفاء المفيدة للربط لضرورة الشعر ثم اشار الى ثامن المنصوبات فقال

وَٱلْحَالُ نَحْوُ أَتَاكَ ٱلْعَبْدُ مُبْتَسِمًا * يَرْجُو رِضَاكَ وَمِنْهُ ٱلْقَلْبُ فِي وَجَلِ

يعني ان الحال هو ما كان كالمثال الذى ذكره المؤلف من كونه نكرة مشتقا منصوبا منتقلا وصاحبه معرفة ثم ان الحال يكون مفردا كقوله اتى العبد .

وَلا كَإِنَّ لَهَا اسْمٌ بَعْدَهُ خَبَرٌ * فَإِنْ يَكُنْ مُفْرَدًا فَافْتَحْهُ ثُمَّ صِلِ
وَانْصِبْ مُضَافًا بِهَا أَوْ مَا يُشَابِهُهُ * كَلَا أَسِيرَ هَوًى يَنْجُو مِنَ الْخَطَلِ

يعني ان لا النافية للجنس تعمل عمل ان تنصب الاسم وترفع الخبر الا انها لما كانت فرعا في العمل اشترط لها شروط منها انها لا تعمل الا في النكرات ومنها مباشرتها للنكرة بان لا يفصل بينها وبين النكرة فاصل ويشترط لوجوب عملها عدم التكرار فان دخلت على معرفة اهملت نحو لا زيد في الدار وان فصلت من النكرة بفاصل اهملت ايضا نحو لا في الدار رجل وان تكررت جاز اهمالها واعمالها نحو لا رجل في الدار ولا امرأة بالاعمال والاهمال . ثم انه ان كان اسمها مضافا او شبيهها به وهو ما عمل فيما بعده كان معربا نحو لا طالب علم محروم ولا طالعا جبلا مقيم وان كان مفردا والمفرد هنا ما ليس مضافا ولا شبيها به كان مبنيا على الفتح نحو لا رجل في الدار وفي الخلاصة

عَمَلَ إِنَّ اجْعَلْ لِلَا فِي نَكِرَهْ * مُفْرَدَةً جَاءَتْكَ أَوْ مُكَرَّرَهْ
فَانْصِبْ بِهَا مُضَافًا أَوْ مُضَارِعَهْ * وَبَعْدَ ذَاكَ الْخَبَرَ اذْكُرْ رَافِعَهْ
وَرَكِّبِ الْمُفْرَدَ فَاتِحًا كَلَا * حَوْلَ وَلَا قُوَّةَ وَالثَّانِيَ اجْعَلَا
مَرْفُوعًا أَوْ مَنْصُوبًا أَوْ مُرَكَّبًا * وَإِنْ رَفَعْتَ أَوَّلًا لَا تَنْصِبَا

قوله ولا كإن مبتدا وخبر وقوله لها اسم مبتدا وخبر ايضا وبعده خبر كذلك وقوله وان يكن جازم ومجزوم واسم يكن ضمير مستتر ومفردا خبر يكن وجملة فافتحه في محل جزم جواب الشرط وقوله كلا اسير الخ خبر لمبتدا محذوف

محول عن شيء نحو امتلأ الاناء ماء والمبين لابهام المفرد اربعة الاول تمييز العــدد نحو عند الامير عشرون جارية فجارية تمييز مبين لذات العشرين والثاني الموزون نحو اشتريت منوين عسلا والثالث المكيل نحو بذرت صاعا قمحا والرابع المساحة نحو اشتريت شبرا ارضا والناصب للتمييـــز فى الاول الفعل او شبهه وفى الثاني ما فسره من عدد وما معه وفى الخلاصة

* يُنْصَبُ تَمْيِيزًا بِمَا قَدْ فَسَّرَهُ *

قوله وان تميز جازم ومجزوم وجملة فقل الخ فى محل جزم جواب الشرط ثم اشار الى عاشر المنصوبات فقال

وَٱنْصِبْ بِإِلَّا إِذَا ٱسْتَثْنَيْتَ نَحْوُ أَتَتْ * كُلُّ ٱلْقَبَائِلِ إِلَّا رَاكِبَ ٱلْجَمَـلِ
وَجُرَّ مَا بَعْدَ غَيْـرٍ أَوْ خَـلَا وَعَـدَا * كَذَا سِوَى نَحْوُ قَامُوا غَيْرَ ذِي ٱلْحِيَلِ
وَبَعْدَ نَفْيٍ وَشِبْهِ ٱلنَّفْيِ إِنْ وَقَعَتْ * إِلَّا يَجُـوزُ لَكَ ٱلْأَمْـرَانِ فَٱمْتَثِـلِ

الاستثناء هو الاخراج بالا او باحدى اخواتهـا ما لولاه لكان داخـــلا فى الكلام السابق . وادوات الاستثناء عشرة الا وهو حــرف باتفاق وغير وسوى كرضى وسوى كهدى وسواء كسماء وهذه اسماء باتفـــاق وليس ولا يكون وهذان فعلان باتفاق وخلا وعدا وحشى وهذه مترددة بين الفعلية والحرفيــة فان جر بها ما بعدها فهي حروف وان نصب ما بعدهـــا فهي افعـــال وللمستثنى بهـذه الادوات احوال فالمستثنى بالا ينصــب وجوبــا اذا كان الكــلام تاما موجبا ومعنى التام ان يذكر المستثنى منه ومعنى الا يجاب ان لا

مبتسما وجملة كقوله ومنه القلب في وجل والوجل الخوف ويكون الحال جملة فعلية نحو قولك جاء زيد يضحك فجملة يضحك في محل نصب حال من زيد اذ الجملة بعد المعرفة تعرب حالا وقد يكون الحال جامدا نحو فانفروا ثبات اي متفرقين وقد يكون لازما نحو خلق الله الزرافة يديها اطول من رجليها وقد يكون معرفة نحو اجتهد وحدك وقد يكون صاحبه نكرة نحو وصلى وراءه رجال قياما ويجيء الحال من الفاعل نحو قولك جاء زيد راكبا ومن المفعول نحو ضربت اللص مكتوفا ومن المجرور بالحرف نحو مررت بهند جالسة ومن المجرور بالاضافة اذا كان المضاف جزءا من المضاف اليه نحو ايحب احدكم ان ياكل لحم اخيه ميتا قوله الحال مبتدا ونحو خبر واعراب ما بقي واضح ثم اشار الى تاسع المنصوبات فقال

وَإِنْ تُمَيِّزْ فَقُلْ عِشْرُونَ جَارِيَةً * عِنْدَ الأَمِيرِ وَقِنْطَارٌ مِنَ الْعَسَلِ

يعني ان التمييز هو ما توفرت فيه الشروط الموجودة في المثال الذى ذكره المؤلف وهو ان يكون اسما نكرة بمعنى من مبين لابهام نسبة او مفرد والاول اربعة الاول المحول عن الفاعل نحو اشتعل الرأس شيبا والاصل اشتعل شيب الرأس فحول الاسناد من المضاف الى المضاف اليه فارتفع على الفاعلية بعد ان كان مخفوضا بالاضافة فحصل ابهام في النسبة فاوتي بالاسم الذى كان فاعلا فانتصب على التمييز الثاني المحول عن المفعول نحو وفجرنا الارض عيونا والاصل وفجرنا عيون الارض فحول الاسناد ايضا والثالث المحول عن المبتدا نحو زيد اكرم منك ابا واجمل منك وجها الرابع غير

سوى زيد وما مررت بسوى زيد والمستثنى بليس ولا يكون منصوب لا غير لانه خبرها واسمها ضمير مستتر يعود على البعض المفهوم من الكل نحو قام القوم ليس زيدا وقام الرجال لا يكون خالدا والمستثنى بخلا وعدا وحشا يجوز نصبه على انه مفعول به والفاعل ضمير مستتر وجوبا يعود على البعض المفهوم من الكل ويجوز جره ايضا نحو قام القوم خلا زيدا بالنصب وزيد بالجر وكذلك تقول في عدا وحشا بلا فرق والى هذا اشار الناظم بقوله

وَجُرَّ مَا بَعْدَ غَيرٍ أَوْ خَلَا وَعَدَا * كَذَا سِوَى نَحْوُ قَامُوا غَيْرَ ذِي الْحِيَلِ

غير انه لم يذكر نصب الاسم بعد خلا وعدا وحشا للاختصار وفى الخلاصة

وَٱسْتَثْنِ مَجْرُورًا بِغَيْرٍ مُعْرَبَا * بِمَا لِمُسْتَثْنًى بِإِلَّا نُسِبَا

وَلِسِوًى سُوًى سَوَاءٍ ٱجْعَلَا * عَلَى ٱلْأَصَحِّ مَا لِغَيْرٍ جُعِلَا

قوله وانصب فعل امر وفاعله مستتر وبالا جار ومجرور واذا ظرف لما يستقبل من الزمان وجملة استثنيت فى محل جر بالاضافة لا ذا وقوله نحو الخ خبر لمبتدا محذوف والتقدير وذلك نحو قولك وجملة انى الخ محكية بالقول وقوله وجر فعل امر وفاعله مستتر وما اسم موصول مفعول به وبعد منصوب على الظرفية وغير مضاف اليه . ثم اشار الى بقية المنصوبات وهو اسم ان وخبر كان فهذه اثنا عشر والتوابع الاربع ومفعولا ظننت فمجموع ذلك سبعة عشر فقال رحمه الله

وَٱنْصِبْ بِكَانَ وَإِنَّ ٱسْمًا يُكَمِّلُهَا * مَعْ تَابِعٍ مُفْرَدٍ يُغْنِيكَ عَنْ جُمَلِ

يتقدمه نفي ولا شبهه سواء كان الاستثناء متصلا وهو ان يكون المستثنى من جنس المستثنى منه نحو قام القوم الا زيدا ومثله المؤلف بقوله اتت كل القبائل الا راكب الجمل فاتى فعل ماض وكل فاعل والقبائل مضاف اليه والا اداة استثناء وراكب منصوب على الاستثناء بالا والجمل مضاف اليه والى وجوب نصب المستثنى في هذه الحالة اشار الناظم بقوله وانصب بالا اذا استثنيت واما اذا كان الكلام تاما منفيا فلا يخلو اما ان يكون الاستثناء متصلا او منقطعا فان كان متصلا جاز النصب على الاستثناء وجاز البدل نحو ما قام احد الا زيد والا زيدا وان كان منقطعا وجب النصب عند اهل الحجاز وجاز البدل عند بني تميم وفي الخلاصة

مَا اسْتَثْنَتِ ٱلَّا مَعْ تَمَامٍ يَنْتَصِبْ * وَبَعْدَ نَفْيٍ أَوْ كَنَفْيٍ ٱنْتُخِبْ
إِتْبَاعُ مَا ٱتَّصَلَ وَانْصِبْ مَا ٱنْقَطَعْ * وَعَنْ تَمِيمٍ فِيهِ إِبْدَالٌ وَقَعْ

نحو ما قام القوم الاحمارا وان كان الكلام منفيا ناقصا كان على حسب العوامل نحو ما قام الا زيد وما رأيت الا زيدا وما مررت الا بزيد وفي الخلاصة

وَإِنْ يُفَرَّغْ سَابِقُ إِلَّا لِمَا * بَعْدُ يَكُنْ كَمَا لَوِ ٱلَّا عُدِمَا

واما المستثنى بغير وسوى وسواء فهو مجرور ليس الا وتعطى غير وما معها ما يعطاه الاسم الواقع بعدها من وجوب النصب مع التمام والايجاب نحو قام القوم غير زيد بنصب غير وجر زيد وقام القوم سوى حمار ومن جواز الوجهين مع التمام والنفي نحو ما قام احد غير زيد برفع غير ونصبها ومن الاجراء على حسب العوامل مع النقص والنفي نحو ما قام غير زيد وما ضربت

قلوبنا بعد اذ هديتنا وهب لنا من لدنك رحمة انك انت الوهاب ثم قال الناظم رحمه الله

وَاخْتِمْ بِأَبْوَابِ مَخْفُوضَاتِ الِاسْمِ عَسَى * تَنَالُ حُسْنَ خِتَامٍ مُنْتَهَى الْأَجَلِ

يعني انه انما ختم بابواب مخفوضات الاسم التي هي خاتمة الكتاب وامر القاري بذلك رجاء ان يختم الله عليه بالسعادة عند انتهاء الاجل فينال السعادة الابدية وفي الحديث من كان اخر كلامه لا اله الا الله دخل الجنة وقال عليه الصلاة والسلام من دخل القبر بلا اله الا الله محمد رسول الله خلصه الله من النار وكيف لا وهي علامة الايمان ومفتاح الجنة والكلمة الطيبة والعروة الوثقى ولا يقبل من احد الايمان الابها اللهم اهدنا لطريق الصواب وجنبنا ما هو سبب للعذاب واجعلنا في اهل لا اله الا الله الناجين اللهم متعنا برضاك بجاه سيدنا ومولانا محمد صلى الله عليه وعلى ءاله والرضى عن اصحابه الكرام البررة ياارحم الرحمين يارب العلمين قوله واختم فعل امر وفاعله مستتروجوبا وبابواب متعلق به ومخفوضات مفعول به والاسم مضاف اليه وعسى فعل ماض دالة على الترجي وتنال فعل مضارع وفاعله مستتروجوبا وحسن مفعول به وختام مضاف اليه وهو مضاف ومنتهى مضاف اليه ثم قال الناظم

عَوَامِلُ الْخَفْضِ عِنْدَ الْقَوْمِ جُمْلَتُهَا * ثَلَاثَةٌ إِنْ تُرِدْ تَمْثِيلَهَا فَقُلِ

غُلَامُ زَيْدٍ أَتَى فِي مَنْظَرٍ حَسَنٍ * فَانْظُرْهُ وَاحْذَرْ سِهَامَ الْأَعْيُنِ النُّجُلِ

إِسْمٌ وَحَرْفٌ بِلَا خُلْفٍ وَتَابِعُهَا * فِيهِ الْخِلَافُ نَمَا فَاسْأَلْ عَنِ الْعِلَلِ

اما كان فقد سبق انها ترفع الاسم وتنصب الخبر نحو كان الشرع قائما واما ان فانها تنصب الاسم وترفع الخبر نحو ان الظلم قبيح والنعت نحو رأيت زيدا الفاضل والعطف نحو رأيت زيدا وعمرا والتوكيد نحو رأيت زيدا نفسه والبدل نحو اهدنا الصراط المستقيم صراط الذين انعمت عليهم ومفعولا ظننت نحو قولك ظننت زيدا قائما قوله وانصب فعل امر وفاعله مستتر وبكان جار ومجرور وان معطوف على ما قبله واسما مفعول بانصب وجملة يكملها في محل نصب نعت لاسما ومع منصوب على الظرفية وتابع مضاف اليه ومفرد صفة له ولما فرغ من منصوبات الاسماء شرع في الكلام على مخفوضاتها وهو الباب الخامس فقال

الباب الخامس
في مخفوضات الاسماء

وهو خاتمة المنظومة وانما ختمها به اشارة منه رضي الله عنه الى ان المومن ينبغي له الخفض والتواضع وخصوصا طالب العلم فانه لا ينال العز والشرف الا بالتواضع الذي هو الخفض للجانب وفي الحديث من تواضع لله رفعه واول من تكبر ابليس فطرد ومقت بسبب كبره نعوذ بالله من الكبر ومن جملة الكبر الخبيث قلة الحياء من المشائخ وعدم احترامهم فبسبب ذلك تجد الطالب لا ينال شيئا من حلاوة العلم فما اعظمها من مصيبة ربنا لا تزغ

واضح والنجل جمع نجلاء وهي العين الحسنة الطويلة اهدلب الاشفار والمنظر الهيئة الحسنة ثم قال رحمه الله

وَٱعْلَمْ بِأَنَّ حُرُوفَ ٱلْجَرِّ قَدْ ذُكِرَتْ * فِي ٱلْكُتْبِ فَارْجِعْ لَهَا وَٱسْتَغْنِ عَنْ عَمَلِ

يعني ان حروف الجر قد ذكرها النحويون في كتبهم فراجعها واكتف بها عن عمل الناظم فانه قصد الايجاز والاختصار ولنذكر نبذة منها فاقول ان اول حروف الجر من ومعناها الابتدا في المكان وقد ترد للابتداء في الزمان وتكون للتبعيض والى واشهر معانيها الانتهاء ومثالهما من المسجد الحرام الى المسجد الاقصا ويدخلان على الظاهر والمضمر وعن ومعناها المجاوزة وتكون بمعنى على نحو

إِذَا رَضِيَتْ عَلَيَّ بَنُو قُشَيْرٍ * لَعَمْرُ ٱللّٰهِ أَعْجَبَنِي رِضَاهَا

وفي واشهر معانيها الظرفية نحو قرات في المصحف ورب وترد للتقليل نحو رب رجل منصف لقيته وللتكثير نحو رب رجل معاند لقيته وهي حرف جر شبيه بالزائد لكونها لا تتعلق وشبيه بالاصلي لكونها لها معنى والباء واكثر معانيها التعدية نحو مسحت يدي بالمنديل والكاف ومعناها التشبيه نحو كالاسد واللام للملك نحو الكتاب لعمرو ومنذ ومذ نحو ما لقيته منذ يوم الخميس وواو رب نحو

وَبَلْدَةٍ لَيْسَ بِهَا أَنِيسُ * إِلَّا ٱلْيَعَافِرُ وَإِلَّا ٱلْعِيسُ

يعني ان عوامل الخفض ثلاثة المضاف والحرف والتبعية ومثلها فقال غلام زيد اتى فى منظر حسن فغلام مبتدا مضاف وزيد مضاف اليه مجرور بالمضاف على الاصح وقيل بالاضافة وقيل بالحرف المقدر وجملة اتى من الفعل والفاعل خبر المبتدا وفى منظر جار ومجرور بالحرف وهو فى وحسن نعت لمنظر مجرور بالتبعية والمشهور ان العامل فى التابع هو العامل في المتبوع الا البدل فانه على نية تكرار العامل ثم ان الاضافة فى الاصطلاح اسناد اسم الى غيره على تنزيل الثاني من الاول منزلة تنوينه ولهذا وجب تجريد المضاف من التنوين والنون التالية للاعراب وفى الخلاصة

نُونًا تَلِي الْإِعْرَابَ أَوْ تَنْوِينًا * مِمَّا تُضِيفُ أَحْذِفْ كَطُورِسِينَا

فمثل ما حذف منه التنوين غلام زيد ومثال ما حذفت منه النون نحو انا مرسلوا الناقة ثم ان الاضافة تارة تكون على معنى من اذا كان المضاف بعضا من المضاف اليه مع صحة الاخبار بالمضاف عن المضاف اليه نحو ثوب خز وخاتم فضة وباب ساج والتقدير ثوب من خز الخ وتارة تكون الاضافة بمعنى فى وذلك اذا كان المضاف اليه ظرفا للمضاف نحو تربص اربعة اشهر وما سوى ذلك فالاضافة على معنى اللام وفى الخلاصة

وَانْوِ مِنْ أَوْ فِي إِذَا * لَمْ يَصْلُحِ الاَّ ذَاكَ وَاللاَّمَ خُذَا
لِمَا سِوَى ذَيْنِكَ

قوله عوامل مبتدا والخفض مضاف اليه وعند منصوب على الظرفية والقوم مضاف اليه وجملتها مبتدا ثان وثلاثة خبر المبتدا الثاني واعراب ما بقي

فحول الرجال وما وضعته الا في نصف الشتاء مع اجتهادي في جلب النفقة للعيال وقد زادني ما هو اعظم من ذلك باسا حسد بعض المعاصرين لي نطلب الله ان يكفينا شر كل ذي باس ووسواس ويحفظنا من كل بلية بجاه سيد الناس وكان تمام جمع هذا الشرح المفيد ليلة الجمعة التاسع عشر من صفر الخير سنة (١٢٩٦) ستة وتسعين ومائتين والف من الهجرة النبوية على صاحبها افضل الصلاة ومزيد التحية ما اعقبت البكرة العشية والحمد لله الذى هدانا لهذا وما كنا لنهتدي لولا ان هدانا الله وصلى الله على سيدنا ومولانا محمد وعلى ءاله وصحبه وسلم تسليما سبحان ربك رب العزة عما يصفون وسلام على المرسلين والحمد لله رب العالمين

ولعـل نحو

* لَعَلَّ أَبِي الْمِغْوَارِ مِنْكَ قَرِيبُ *

وهي حرف شبيه بالزائد واما خلا وعدا وحشا فقد سبق الكلام عليها في باب الاستثناء وحروف القسم نحو والله لقد رأيت عجبا و بالله لا فعلن الخير وتالله لا خاصمن زيدا واعلم فعل امر من علم والباء حرف جروان حرف توكيد وحروف اسمها والجر مضاف وقد حرف تحقيق وذكرت فعل ماض وفي الكتب جار مجرور والفاء عاطفة وارجع فعل امر ولها جار ومجرور واستغن معطوف على ما قبله وعن عمل جار ومجرور ثم قال الناظم

يَا رَبِّ عَفْوًا عَنِ الْجَانِي الْمُسِيءِ فَقَدْ * ضَاقَتْ عَلَيْهِ بِطَاحُ السَّهْلِ وَالْجَبَلِ

سأل الناظم من الله العفو عن اساءته لانه اذا لم يعف عليه خالقه تضيق عليه بطاح الارض من سهلها وجبلها فنسأل الله المولى الكريم ان يمن علينا وعليه بفضله الجسيم انه الرءوف الرحيم فرضي عنه وارضاه ومتعه في فسيح الجنان بما يرغب فيه ويتمناه واعلم فانه مع ما اتصف به رحمه الله من العلم والتقوى في السر والنجوى لم يزك نفسه بل اتهمها ليعظم له الاجر عند الله فالله يبلغه مناه ويجعلنا في ضمانة حماه بمنه وكرمه آمين . قال جامعه الفقير لرحمة ربه عبد القادر بن عبد الله بن محمد بن عبد الكريم ابن عبد الرحمن بن عبد الجليل الادريسي الحسني الهاشمي القرشي اني قد تجاسرت على امر لست من اهله ولا ممن يركض في ميدانه فاعذرني يا اخي لانني جمعته في وقت الضيق وعسر الحال وقلة المعين لي من

نزهة الطرف

فيما يتعلق بمعاني الصرف

تأليف العلامة الشيخ

عبد القادر المجاوي

رعاه الله وحفظه

سنة ١٣٢٥ / ١٩٠٧

طبع بالمطبعة الشرقية لبيير فونتانا في الجزائر

والعلم ادراك الشيء على ما هو عليه وعلم التصريف واجب وجوبا كفايينا ويتعين على من فيه اهلية والابواب جمع باب ومعناه لغة فرجة في ساتر يتوصل بها من خارج الى داخل وعكسه وهو حقيقة في الاجسام مجاز في المعاني كما هنا والتصريف لغة التبديل والتحويل واصطلاحا علم باحكام بنية الكلمة بما لحروفها من اصالة و زيادة واعلال وشبه ذلك وموضوعه الافعال والاسماء التي لاتشبه الحروف قال في الكافية

حَقِيقَةُ ٱلتَّصْرِيفِ تَغْيِيرٌ وُجِدْ * فِي بُنْيَةِ ٱللَّفْظِ لِمَعْنًى قَدْ قُصِدْ

قوله خمسة وثلاثون بابا اتى بخمسة مونثا لان المعدود مذكر ستة منها للفعل المجرد من الزوائد . ومتقن هذه الابواب يحوز طرق اللغة العربية حتى لا يفوته الا النادر قال المولف يفوته

﴿ اَلْبَابُ ٱلْأَوَّلُ فَعَلَ يَفْعُلُ مَوْزُونُهُ نَصَرَ يَنْصُرُ وَعَلَامَتُهُ أَنْ يَكُونَ عَيْنُ فِعْلِهِ مَفْتُوحًا فِي ٱلْمَاضِي مَضْمُومًا فِي ٱلْمُضَارِعِ وَبِنَاؤُهُ لِلتَّعْدِيَةِ غَالِبًا وَقَدْ يَكُونُ لَازِمًا مِثَالُ ٱلْمُتَعَدِّي نَحْوُ نَصَرَ زَيْدٌ عَمْرًا وَمِثَالُ ٱللَّازِمِ نَحْوُ خَرَجَ زَيْدٌ ﴾

اعلم انهم جعلوا ميزانا يزنون به الكلمة وهو فعل فيعبرون عن اول الكلمة الاصلي بالفاء وعن وسطها بالعين وعين ءاخرها باللام ولابد من اعتبار الحركات ايضا فانه اذا قيل لك ما وزن ضرب مثلا فتقول فعل واذا كانت حروف الكلمة اربعة اصولا نحو دحرج فانك تضعف اللام فتقول فعلل . قوله الباب الاول فعل معناه ان الفعل يكون على وزن فعل بفتح الفاء والعين ومضارعه يفعل بضم العين وهو ينقسم الى قسمين اما ان يكون متعديا اولازما ومثل

بـاسـم اللـه الرحمـن الـرحيـم

وصلى الله على سيدنا محمد وعلى ءاله وصحبه وسلم تسليما

نحمد من بيده تصريف الافعال * البعال لما يريد الكبير المتعال * ونشكره شكر من امتثل لا وامره * وتباعد عن حدود زواجره * والصلاة والسلام على سيدنا محمد عبده ورسوله * الذى ارسله بالهدى ودين الحق ليظهره على الدين كله * وبعد بهذا شرح لطيف مختصر على متن البنا بى الصرب * اسكن الله مولبه من الجنة اعلى الغرب * فال المولب

إِعْلَمْ أَنَّ أَبْوَابَ ٱلتَّصْرِيفِ خَمْسَةٌ وَثَلَاثُونَ بَابًا سِتَّةٌ مِنْهَا لِلثُّلَاثِيِّ ٱلْمُجَرَّدِ

فوله اعلم خطاب لكل من يتاتى منه العلم وهو العافل الذى يبهم الخطاب ويحسن الجواب ثم ان الامر اذا اطلق يوذن بالوجوب كفوله تعلى افيموا الصلوة وفد يراد منه الندب كفوله تعلى بكاتبوهم ان عملتم بيهم خيرا وذلك لانه يستحسن مكاتبة الرفيق ان علم سيده منه الخير والصلاح ويراد منه الجواز ايضا كفوله تعلى واذا حللتم باصطادوا معناه ان الحاج اذا برغ من مناسك حجه وخرج للحل بله ان يصطاد ان شاء وله ان يترك ويراد منه التهديد كفوله تعلى اعملوا ماشئتم بان بيه تهديدا للمخالب ويراد منه التعجيز ايضا كفوله تعلى فل كونوا حجارة او حديدا وذلك لان المخاطبين عاجزون عن ان يكونوا حجارة او حديدا

وَقَدْ يَكُونُ لَازِمًا مِثَالُ الْمُتَعَدِّي ضَرَبَ زَيْدٌ عَمْرًا وَمِثَالُ اللَّازِمِ نَحْوُ جَلَسَ زَيْدٌ ﴾

يعني ان الباب الثاني من ابواب الفعل المجرد فعل بفتح العين في الماضي يفعل بكسرها في المضارع وهو ينقسم الى قسمين متعد ولازم فالمتعدي نحو ضَرَبَ يَضْرِبُ ومثله لَفَظَ يَلْفِظُ وَرَبَطَ يَرْبِطُ وَرَمَى يَرْمِي وَنَكَحَ يَنْكِحُ وَدَرَى يَدْرِي وَسَرَقَ يَسْرِقُ وَسَبَقَ يَسْبِقُ وَعَرَفَ يَعْرِفُ وَغَنَمَ يَغْنِمُ تقول سَرَقَ زَيْدٌ الْمَتَاعَ وَعَرَفَ بَكْرٌ عَمْرًا وَرَمَى زَيْدٌ الْحَجَرَ وَلَفَظَتِ الرَّحَى الدَّقِيقَ فهذه امثلة المعتدى واما امثلة اللازم فكمثل جَلَسَ يَجْلِسُ وَنَمَّ يَنِمُّ وَزَنَى يَزْنِي وَحَلَّ يَحِلُّ تقول جَلَسَ زَيْدٌ وَنَمَّ عَمْرٌو وَزَنَى بَكْرٌ وَحَلَّ خَالِدٌ بِالْمَكَانِ فهذه امثلة اللازم ثم ان استعماله لازما قليل ومتعديا كثير ثم قال المصنف

﴿ اَلْبَابُ الثَّالِثُ فَعَلَ يَفْعَلُ مَوْزُونُهُ فَتَحَ يَفْتَحُ وَعَلَامَتُهُ أَنْ يَكُونَ عَيْنُ فِعْلِهِ مَفْتُوحًا فِي الْمَاضِي وَالْمُضَارِعِ بِشَرْطِ أَنْ يَكُونَ عَيْنُ فِعْلِهِ أَوْ لَامُهُ وَاحِدًا مِنْ حُرُوفِ الْحَلْقِ وَهِيَ سِتَّةُ الْحَاءُ وَالْخَاءُ وَالْعَيْنُ وَالْغَيْنُ وَالْهَاءُ وَالْهَمْزَةُ وَبِنَاؤُهُ أَيْضًا لِلتَّعْدِيَةِ غَالِبًا وَقَدْ يَكُونُ لَازِمًا مِثَالُ الْمُتَعَدِّي نَحْوُ فَتَحَ زَيْدٌ الْبَابَ وَمِثَالُ اللَّازِمِ نَحْوُ ذَهَبَ زَيْدٌ ﴾

يعني ان الباب الثالث من الفعل الثلاثي المجرد فعل يفعل بفتح العين في الماضي والمضارع ويستعمل متعديا ولازما ولزومه اقل من تعديه ويشترط ان تكون عين فعله او لامه حرفا من حروف الحلق وحروف الحلق ستة الهمزة نحو سَأَلَ وَبَدَأَ وَدَرَأَ في المتعدى وَهَدَأَ في اللازم والعين نحو هَرَعَ

للقسمين معا فمثل للمتعدى بقوله نصر ينصر ومثله قتل يقتل تقول نصر زيد اخاه وقتل عمرو عدوه ومنه ايضا شكر يشكر تقول شكر زيد عمرا ومثله كفر يكفر تقول كفر زيد النعمة اي جحدها ومنه حجب يحجب تقول حجب الولد الام من الثلث الى السدس ومنه ايضا دعا يدعو تقول دعوت الله ومنه ايضا غزا يغزو تقول غزا الامير الثائرين ومنه قال يقول لان اصله قول يقول وكتب يكتب وجاز يجوز وعدا يعدو وحجز يحجز. فهذه امثلة المتعدى التى على وزن فعل بالفتح يفعل بالضم ومثال اللازم خرج يخرج ومنه دخل يدخل وقعد يقعد ونشز ينشز وحل يحل ونقص ينقص وقام يقوم وطال يطول وجال يجول فهذه امثلة اللازم ثم ان فَعَلَ الغالب فيه التعدية ثم اشار الى بيان المتعدى فقال

﴿ وَالْمُتَعَدِّي هُوَ مَا يَتَجَاوَزُ فِعْلُ الْفَاعِلِ إِلَى الْمَفْعُولِ بِهِ وَاللَّازِمُ مَا لَمْ يَتَجَاوَزْ فِعْلُ الْفَاعِلِ إِلَى الْمَفْعُولِ بِهِ بَلْ وَقَعَ فِي نَفْسِهِ ﴾

يعنى ان الفعل المتعدي هو الذى يتجاوز الى المفعول به واللازم هو الذى يرفع الفاعل فقط ولا يتعدى الى المفعول به وعلامته ان تتصل به هاء غير مصدره واما هاء مصدر الفعل فانها تتصل بالمتعدى واللازم مثال ذلك زيد نصره عمر فانك تجد الضمير يعود على زيد وهو غير مصدره وفى الخلاصة

عَلَامَةُ الْفِعْلِ الْمُعَدَّى أَنْ تَصِلْ * هَا غَيْرِ مَصْدَرٍ بِهِ نَحْوُ عَمِلْ

قال المولف

﴿ الْبَابُ الثَّانِي فَعَلَ يَفْعِلُ مَوْزُونُهُ ضَرَبَ يَضْرِبُ وَعَلَامَتُهُ أَنْ يَكُونَ عَيْنُ فِعْلِهِ مَفْتُوحًا فِي الْمَاضِي وَمَكْسُورًا فِي الْمُضَارِعِ وَبِنَاؤُهُ أَيْضًا لِلتَّعْدِيَةِ غَالِبًا

* وَالضَّمَّ مِنْ فَعُلَ ٱلْزَمْ فِى ٱلْمُضَارِعِ *

ثم لا يكون الا لازما ولهذا قال ابن مالك

* وَاضْمُمَنْ مَعَ ٱللُّزُومِ فِى امْرُرْ بِهِ *

مثاله شَرُفَ يَشْرُفُ وظَرُفَ يَظْرُفُ وقَذُرَ يَقْذُرُ وحَسُنَ يَحْسُنُ وحَمُقَ يَحْمُقُ وطَهُرَ يَطْهُرُ تقول شَرُفَ زَيْدٌ وحَمُقَ عَمْرٌو وقَذُرَ أَبُو لَهَبٍ وحَسُنَ مُحَمَّدٌ وحَمُقَ أَبُو جَهْلٍ وما اشبه ذلك ثم قال المولف

﴿ الْبَابُ ٱلسَّادِسُ فَعِلَ يَفْعِلُ مَوْزُونُهُ حَسِبَ يَحْسِبُ وَعَلَامَتُهُ أَنْ يَكُونَ عَيْنُ فِعْلِهِ مَكْسُورًا فِى ٱلْمَاضِى وَٱلْمُضَارِعِ وَبِنَاؤُهُ أَيْضًا لِلتَّعْدِيَةِ غَالِبًا وَقَدْ يَكُونُ لَازِمًا مِثَالُ ٱلْمُتَعَدِّي نَحْوُ حَسِبَ زَيْدٌ عَمْرًا فَاضِلًا وَمِثَالُ ٱللَّازِمِ نَحْوُ وَرِثَ زَيْدٌ ﴾

يعنى ان الباب السادس فعل يفعل بكسر العين فيهما واستعماله متعديا كثير ولازما قليل مثاله حَسِبَ يَحْسِبُ وَأَبَي يَأْبِي وَوَرِثَ يَرِثُ تقول وَلِيَ زَيْدٌ الامْرَ وحَسِبَ زَيْدٌ الْمَالَ نَافِعًا وَوَرِثَ زَيْدٌ وامثلة ذلك كثيرة جدا فالمدار على تتبع اللغة وتمثيل المصنف الى اللازم بورث سبق قلم والصواب ان يمثل بوَثِقَ يَثِقُ الا ان يجاب بانه فرضى لاوقوعيي ثم قال المولف

﴿ وَاثْنَا عَشَرَ بَابًا مِنْهَا لِمَا زَادَ عَلَى ٱلثُّلَاثِيِّ وَهُوَ ثَلَاثَةُ أَنْوَاعٍ ٱلنَّوْعُ ٱلْأَوَّلُ وَهُوَ مَا زِيدَ فِيهِ حَرْفٌ وَاحِدٌ عَلَى ٱلثُّلَاثِيِّ وَهُوَ ثَلَاثَةُ أَبْوَابٍ ﴾

لما تكلم على الثلاثى وقسمه الى ستة ابواب كما سبق شرع فى الكلام على ما زاد على الثلاثة وهو ثلاثة انواع النوع الاول ما زيد فيه حرف واحد وهو

يَفْرَغُ وسَرَغَ يَسْرَغُ وَدَفَعَ يَدْفَعُ وَنَفَعَ يَنْفَعُ ولَعَنَ يَلْعَنُ والخاء نحو فَتَحَ يَفْتَحُ وَمَنَحَ يَمْنَحُ ونَحَبَ يَنْحَبُ والهاء نحو نهَقَ يَنْهَقُ ونَهَلَ يَنْهَلُ وشَرَهَ يَشْرَهُ والغين نحو نَبَغَ يَنْبَغُ ودَبَغَ يَدْبَغُ ولَغَى يَلْغَى والخاء نحو نَفَخَ يَنْفَخُ وسَخَطَ يسْخَطُ وَرَدَخَ يَرْدَخُ بهذه الامثلة كلها من بعل يبعل وبى لامية الابعال لابن مالك

بِى غَيْرِ هٰذَا لِذِى الْحَلْقِيّ بَتْحًا أَجِزْ * بِالِاتِّبَاقِ كَأَتٍ صِيغَ مِنْ سَأَلَا

فال المصنب

﴿ الْبَابُ الرَّابِعُ بَعِلَ يَبْعَلُ مَوْزُونُهُ عَلِمَ يَعْلَمُ وَعَلَامَتُهُ أَنْ يَكُونَ عَيْنُ بِعْلِهِ مَكْسُورًا بِى الْمَاضِى وَمَبْتُوحًا بِى الْمُضَارِعِ وَبِنَاؤُهُ أَيْضًا لِلتَّعْدِيَةِ غَالِبًا وَفَدْ يَكُونُ لَازِمًا مِثَالُ الْمُتَعَدِّى نَحْوُ عَلِمَ زَيْدٌ الْمَسْئَلَةَ وَمِثَالُ اللَّازِمِ نَحْوُ وَجِلَ زَيْدٌ ﴾

يعنى ان الباب الرابع من ابواب البعل الثلاثى بعل بكسر العين يبعل ببتحها ويكون متعديا كثيرا ولازما فليلا مثال المتعدى نحو سَمِعَ يَسْمَعُ وبَهِمَ يَبْهَمُ وعَلِمَ يَعْلَمُ ومثال اللازم نحو بَرِحَ يَبْرَحُ وَيَئِسَ يَيْأَسُ وتَعِبَ يَتْعَبُ وَوَجِلَ يَوْجَلُ وخَجِلَ يَخْجَلُ تفول بَهِمَ زيدٌ الْمَسْأَلَةَ وسَمِعَ بَكْرٌ الْخَبَرَ وبَرِحَ بَكْرٌ وتَعِبَ عَمْرٌو فال ابن مالك . وَافْتَحْ مَوْضِعَ الْكَسْرِ بِى الْمَبْنِيّ مِنْ بَعِلَا . فال المولب

﴿ الْبَابُ الْخَامِسُ بَعُلَ يَبْعُلُ مَوْزُونُهُ حَسُنَ يَحْسُنُ وَعَلَامَتُهُ أَنْ تَكُونَ عَيْنُ بِعْلِهِ مَضْمُومَةً بِى الْمَاضِى وَالْمُضَارِعِ وَبِنَاؤُهُ لَا يَكُونُ إِلَّا لَازِمًا نَحْوُ حَسُنَ زَيْدٌ ﴾

يعنى ان الباب الخامس من ابواب البعل الثلاثى بعل يبعل بضم العين بى الماضى والمضارع معا فال ابن مالك

ثم قال المؤلف

﴿ اَلْبَابُ اَلثَّانِي فَعَّلَ يُفَعِّلُ تَفْعِيلًا مَوْزُونُهُ فَرَّحَ يُفَرِّحُ تَفْرِيحًا وَعَلَامَتُهُ أَنْ يَكُونَ مَاضِيهِ عَلَى أَرْبَعَةِ أَحْرُفٍ بِزِيَادَةِ حَرْفٍ وَاحِدٍ بَيْنَ الْفَاءِ وَالْعَيْنِ مِنْ جِنْسِ عَيْنِ فِعْلِهِ وَبِنَاؤُهُ لِلتَّكْثِيرِ وَهُوَ قَدْ يَكُونُ فِي الْفِعْلِ نَحْوُ طَوَّفَ زَيْدٌ الْكَعْبَةَ وَقَدْ يَكُونُ فِي الْفَاعِلِ نَحْوُ مَوَّتَتِ الْإِبِلُ وَقَدْ يَكُونُ فِي الْمَفْعُولِ نَحْوُ غَلَّقَ زَيْدٌ الْأَبْوَابَ ﴾

يعني ان الباب الثاني يشتمل على معرفة الفعل الرباعي الذى يكون على وزن فعل بتشديد العين ومضارعه يفعل بتشديد العين مع كسرها فتبين انه قد زيد فيه حرف وهو الواقع بين الفاء والعين وهو من جنس عين الكلمة فكلم مثلا اللام فيه زايدة اذ فاء الكلمة الكاف وعينها اللام واللام الاخرى المدغمة زايدة وهي من جنس اللام التى هي عين الكلمة ومصدره ياتى على وزن تفعيلا وفى الخلاصة

وَغَيْرُ ذِي ثَلَاثَةٍ مَقِيسُ * مَصْدَرُهُ كَقُدِّسَ التَّقْدِيسُ

ومثاله فَرَّحَ زَيْدٌ عَمْرًا يُفَرِّحُهُ تَفْرِيحًا وغَلَّقَ الْبَابَ تَغْلِيقًا وطَوَّلَ تَطْوِيلًا وعَلَّمَ تَعْلِيمًا وهَذَّبَ تَهْذِيبًا وفايدته الدلالة على التكثير فقطع ابلغ من قطع والتكثير قد يكون فى الفعل نحو طَوَّفَ زَيْدٌ الْكَعْبَةَ اي طاف كثيرا فالمبالغة فى الطواف الذى هو فعل الفاعل وقد يكون فى الفاعل نحو مَوَّتَ زَيْدٌ الابلَ اي اكثر زيد من اماتة الابل وقد يكون فى المفعول نحو غَلَّقَ زَيْدٌ الْبَابَ اي كثر على الباب الغلق الصادر من زيد ثم قال المولف

منحصر فى ثلاثة ابواب . ثم اعلم ان منتهى الفعل المجرد اربعة احرف ومنتهى المزيد فيه ستة احرف قال فى الخلاصة

وَمُنْتَهَاهُ أَرْبَعٌ إِنْ جُرِّدَا * وَإِنْ يُزَدْ فِيهِ فَمَا سِتًّا عَدَا

وقال فى لامية الافعال مشيرا للفعل الثلاثي والرباعي المجردين من الزوايد

بِفَعْلَلَ الْفِعْلُ ذُو التَّجْرِيدِ أَوْ فَعُلَا * يَأْتِي وَمَكْسُورَ عَيْنٍ أَوْ عَلَى فَعَلَا

ثم قال المولف

﴿ الْبَابُ الْأَوَّلُ أَفْعَلَ يُفْعِلُ إِفْعَالًا مَوْزُونُهُ أَكْرَمَ يُكْرِمُ إِكْرَامًا وَعَلَامَتُهُ أَنْ يَكُونَ مَاضِيهِ عَلَى أَرْبَعَةِ أَحْرُفٍ بِزِيَادَةِ الْهَمْزَةِ فِي أَوَّلِهِ وَبِنَاؤُهُ لِلتَّعْدِيَةِ غَالِبًا وَقَدْ يَكُونُ لَازِمًا مِثَالُ الْمُتَعَدِّي نَحْوُ أَكْرَمَ زَيْدٌ عَمْرًا وَمِثَالُ اللَّازِمِ نَحْوُ أَصْبَحَ الرَّجُلُ ﴾

يعني ان الباب الاول من ابواب الفعل المبنى على اربعة احرف الفعل المبدو بالهمزة ويكون متعديا كثيرا ولازما قليلا ويكون على وزن افعل ومضارعه يفعل بضم حرف المضارعة وفى لامية الافعال

بِبَعْضِ تَاتِي الْمُضَارِعَ افْتَتِحْ وَلَهُ * ضَمٌّ إِذَا بِالرُّبَاعِي مُطْلَقًا وُصِلَا

ومصدره يكون على وزن افعالا وفى الخلاصة * وَأَجْمِلْ إِجْمَالًا * نحو أَكْرَمَ يُكْرِمُ إِكْرَامًا وَأَعْطَى يُعْطِي إِعْطَاءً وَأَحْسَنَ يُحْسِنُ إِحْسَانًا وَأَصْبَحَ يُصْبِحُ إِصْبَاحًا وَأَعْلَمَ يُعْلِمُ إِعْلَامًا تقول أَعْلَمَ زَيْدٌ عَمْرًا فَاضِلًا وَأَكْرَمَ بَكْرٌ خَالِدًا وَأَضْحَى خَالِدٌ اي دخل فى الضحى وَأَمْسَى صَالِحٌ اي دخل فى المساء وهمزة افعل الرباعي قطعية وليست وصلية وفى الخلاصة

وَهْيَ لِفِعْلٍ مَاضٍ احْتَوَى عَلَى * أَكْثَرَ مِنْ أَرْبَعَةٍ نَحْوُ انْجَلَا

انْ يَكُونَ مَاضِيهِ عَلَى خَمْسَةِ أَحْرُفٍ بِزِيَادَةِ الْهَمْزَةِ وَالنُّونِ فِي أَوَّلِهِ وَبِنَاؤُهُ لِلْمُطَاوَعَةِ وَمَعْنَى الْمُطَاوَعَةِ حُصُولُ أَثَرِ الشَّيْءِ عَنْ تَعَلُّقِ الْفِعْلِ الْمُتَعَدِّي نَحْوُ كَسَرْتُ الزُّجَاجَ فَانْكَسَرَ ذَلِكَ الزُّجَاجُ فَإِنَّ انْكِسَارَ الزُّجَاجِ أَثَرٌ حَصَلَ عَنْ تَعَلُّقِ الْكَسْرِ الَّذِي هُوَ الْفِعْلُ الْمُتَعَدِّي ﴾

يعني ان الباب الاول من الفعل المزيد فيه ياتي على وزن انفعل ينفعل بزيادة الالف والنون في اوله وذلك لان انطلق مثلا فاؤه الطاء وعينه اللام ولامه القاف والنون والالف زايدتان ومصدره ياتي على وزن انفعالا وفي الخلاصة

وَمَا يَلِي الْآخِرَ مُدَّ وَافْتَحَا * مَعْ كَسْرِ تِلْوِ الثَّانِي مِمَّا افْتُتِحَا
* بِهَمْزِ وَصْلٍ كَاصْطَفَى الخ *

نحو انْطَلَقَ انْطِلَاقًا وَانْمَحَى انْمِحَاءً وَانْعَكَسَ انْعِكَاسًا وَانْكَسَرَ انْكِسَارًا وَانْعَدَمَ انْعِدَامًا ويكون للمطاوعة وقد فسرها المصنف بقوله قبول اثر المطاوع بالكسر فعل فاعل المطاوع بالفتح ثم قال المصنف

﴿ الْبَابُ الثَّانِي افْتَعَلَ يَفْتَعِلُ افْتِعَالًا مَوْزُونُهُ اجْتَمَعَ يَجْتَمِعُ اجْتِمَاعًا وَعَلَامَتُهُ أَنْ يَكُونَ مَاضِيهِ عَلَى خَمْسَةِ أَحْرُفٍ بِزِيَادَةِ الْهَمْزَةِ فِي أَوَّلِهِ وَالتَّاءِ بَيْنَ الْفَاءِ وَالْعَيْنِ وَبِنَاؤُهُ لِلْمُطَاوَعَةِ أَيْضًا نَحْوُ جَمَعْتُ الْإِبِلَ فَاجْتَمَعَ ذَلِكَ الْإِبِلُ ﴾

يعني ان الباب الثاني من المزيد فيه حرفان افتعل يفتعل وذلك لانك اذا قلت مثلا اختلف فانك تجد فاء الكلمة الخاء والالف الاولى زايدة وعين الكلمة اللام والتاء زايدة بين الفاء والعين واصل الفعل خلف ومنه افْتَرَى افْتِرَاءً واجْتَمَعَ

﴿ اَلْبَابُ اَلثَّالِثُ فَاعَلَ يُفَاعِلُ مُفَاعَلَةً وَفِعَالًا وَفِيعَالًا مَوْزُونُهُ قَاتَلَ يُقَاتِلُ مُقَاتَلَةً وَقِتَالًا وَقِيتَالًا وَعَلَامَتُهُ أَنْ يَكُونَ مَاضِيهِ عَلَى أَرْبَعَةِ أَحْرُفٍ بِزِيَادَةِ ٱلْأَلِفِ بَيْنَ ٱلْفَاءِ وَٱلْعَيْنِ وَبِنَاؤُهُ لِلْمُشَارَكَةِ بَيْنَ ٱلْإِثْنَيْنِ غَالِبًا وَقَدْ يَكُونُ لِلْوَاحِدِ مِثَالُ ٱلْمُشَارَكَةِ بَيْنَ ٱلْإِثْنَيْنِ نَحْوُ قَاتَلَ زَيْدٌ عَمْرًا وَمِثَالُ ٱلْوَاحِدِ نَحْوُ قَاتَلَهُمُ ٱللّٰهُ ﴾

يعني ان الباب الثالث مما زاد على ثلاثة احرف ياتي على وزن فاعل يفاعل بزيادة الالف بين فاء الفعل وعينه نحو خاصم فالفاء الخاء والعين الصاد والالف زايدة بينهما ومصدره ياتي على وزن الفعال والمفاعلة والفيعال وفي الخلاصة

* لِفَاعَلَ الفِعَالُ وَالْمُفَاعَلَهْ *

وفايدته الدلالة على المفاعلة اي المشاركة في الغالب وقد يكون دالا على الواحد قليلا فمثال الكثير خَاصَمَ زَيْدٌ عَمْرًا اي كل منهما صدر منه خصام للاخر وكَالَمَهُ مُكَالَمَةً وشَارَكَهُ مُشَارَكَةً واما دلالته على الواحد نحو عَامَلَهُ ٱللّٰهُ فليس المراد ان كلا من زيد والله عامل الاخر اذ ذاك محال ومنه قَاتَلَهُمُ ٱللّٰهُ ثم قال المؤلف

﴿ النَّوْعُ ٱلثَّانِي وَهُوَ مَا زِيدَ فِيهِ حَرْفَانِ عَلَى ٱلثُّلَاثِيِّ وَهُوَ خَمْسَةُ أَبْوَابٍ ﴾

يعني ان النوع الثاني من انواع المزيد فيه على ثلاثة اقسام وهو ما زيد فيه حرفان فيكون خماسيا وهذا يشتمل على خمسة ابواب سيذكرها المصنف بابا بابا ثم قال المولف

﴿ اَلْبَابُ ٱلْأَوَّلُ اِنْفَعَلَ يَنْفَعِلُ اِنْفِعَالًا مَوْزُونُهُ اِنْكَسَرَ يَنْكَسِرُ اِنْكِسَارًا وَعَلَامَتُهُ

وحرف ءاخر بين الفاء والعين من جنس العين بيان ذلك تعلم التاء فيه زايدة وفاء الكلمة العين وعين الكلمة اللام واللام الاخرى زايدة مدغمة في عين الكلمة ولامه الميم ومصدره ياتي على وزن التفعل مثال ذلك تعلم تعلما وتكلم تكلما وتكرم تكرما وتفهم تفهما وفايدته الدلالة على التكلف بمعنى ان الفعل حصل بكلفة وتعب نحو تَعَلَّمَ زَيْدٌ الْحِسَابَ مَسْئَلَةً بَعْدَ مَسْئَلَةٍ وتَكَرَّمَ زَيْدٌ عَلَى الْقَوْمِ وَاحِدًا بَعْدَ وَاحِدٍ وقد اوضح المصنف معناه ثم قال المؤلف

﴿ الْبَابُ الْخَامِسُ تَفَاعَلَ يَتَفَاعَلُ تَفَاعُلًا مَوْزُونُهُ تَبَاعَدَ يَتَبَاعَدُ تَبَاعُدًا وَعَلَامَتُهُ أَنْ يَكُونَ مَاضِيهِ عَلَى خَمْسَةِ أَحْرُفٍ بِزِيَادَةِ التَّاءِ فِي أَوَّلِهِ وَالْأَلِفِ بَيْنَ الْفَاءِ وَالْعَيْنِ وَبِنَاؤُهُ لِلْمُشَارَكَةِ بَيْنَ الْاثْنَيْنِ فَصَاعِدًا . مِثَالُ الْمُشَارَكَةِ بَيْنَ الْاثْنَيْنِ نَحْوُ تَبَاعَدَ زَيْدٌ عَنْ عَمْرٍو وَمِثَالُ الْمُشَارَكَةِ بَيْنَ الْاثْنَيْنِ فَصَاعِدًا نَحْوُ تَصَالَحَ الْقَوْمُ ﴾

يعني ان الباب الخامس من الفعل الخماسي ياتي على وزن تفاعل بزيادة التاء اوله والالف بين الفاء والعين بيان ذلك انك اذا قلت تخاصم تجد التاء زائدة اولا وفاء الكلمة الخاء والالف زائدة وعين الكلمة الصاد ولامها الميم ومصدره ياتي على وزن الافتعال كالاختصام والاشتراك والابتعاد تقول اخْتَصَمَ زَيْدٌ وَعَمْرٌو اخْتِصَامًا وَاشْتَرَكَ زَيْدٌ وَعَمْرٌو اشْتِرَاكًا وبناؤه للمشاركه بين اثنين نحو تَبَاعَدَ زَيْدٌ وَعَمْرٌو ابْتِعَادًا اي باعد كل منهما الاخر فكل منهما فاعل ومفعول ومثال مشاركة اكثر من اثنين نحو تَصَالَحَ الْقَوْمُ اي كل من القومين صالح الاخرين ثم قال المؤلف

اجْتِمَاعًا وفايدته المطاوعة وقد سبق تفسيرها نحو جَمَعْتُ الإبلَ فَطَاوَعَتْنِي الإبلُ فَاجْتَمَعَتْ ومصدره ياتي على افتعال ومنه جَوَّزْتُهُ البَحْرَ فَاجْتَازَ ثم قال المؤلف

﴿ اَلْبَابُ الثَّالِثُ افْعَلَّ يَفْعَلُّ افْعِلَالًا وَمَوْزُونُهُ احْمَرَّ يَحْمَرُّ احْمِرَارًا وَعَلَامَتُهُ أَنْ يَكُونَ مَاضِيهِ عَلَى خَمْسَةِ أَحْرُفٍ بِزِيَادَةِ الْهَمْزَةِ فِي أَوَّلِهِ وَحَرْفٍ ءَاخَرَ مِنْ جِنْسِ لَامِ فِعْلِهِ فِي ءَاخِرِهِ وَبِنَاؤُهُ لِمُبَالَغَةِ اللَّازِمِ وَقِيلَ لِلْأَلْوَانِ وَالْعُيُوبِ مِثَالُ الْأَلْوَانِ نَحْوُ أَحْمَرَّ زَيْدٌ وَمِثَالُ الْعُيُوبِ نَحْوُ اعْوَرَّ زَيْدٌ ﴾

يعني ان الباب الثالث من الفعل الخماسي ياتي على وزن افعل بزيادة الالف الوصلية في اوله واللام المجانسة للام الكلمة في ءاخره لان احمر على وزن افعل فادغمت اللام في اللام فصار افعل ففاء الفعل الفاء وعينه العين ولامه اللام واللام الاخيرة زايدة وفائدة بنائه المبالغة في الفعل اللازم وذلك لان هذه الصيغة انما توجد في اللازم وقيل يصاغ للدلالة على المبالغة في الالوان والعيوب فمثال النوع الاول اصْفَرَّ زَيْدٌ وَاحْمَرَّ بَكْرٌ وَاسْوَدَّ خَالِدٌ وَابْيَضَّ عَمْرٌو ومثال الثاني اعْوَرَّ زَيْدٌ واعْرَجَّ عَمْرٌو ومصدره ياتي على وزن افعلالا كالاحمرار والاعوجاج ثم قال المؤلف

﴿ اَلْبَابُ الرَّابِعُ تَفَعَّلَ يَتَفَعَّلُ تَفَعُّلًا وَمَوْزُونُهُ تَكَلَّمَ يَتَكَلَّمُ تَكَلُّمًا وَعَلَامَتُهُ أَنْ يَكُونَ مَاضِيهِ عَلَى خَمْسَةِ أَحْرُفٍ بِزِيَادَةِ التَّاءِ فِي أَوَّلِهِ وَحَرْفٍ ءَاخَرَ مِنْ جِنْسِ عَيْنِ فِعْلِهِ بَيْنَ الْفَاءِ وَالْعَيْنِ وَبِنَاؤُهُ لِلتَّكَلُّفِ وَمَعْنَى التَّكَلُّفِ تَحْصِيلُ الْمَطْلُوبِ شَيْئًا بَعْدَ شَيْءٍ نَحْوُ تَعَلَّمْتُ الْعِلْمَ مَسْئَلَةً بَعْدَ مَسْئَلَةٍ ﴾

يعني ان الباب الرابع من الخماسي ياتي على وزن تفعل بزيادة التاء اوله

وَحَرْفٍ ءاخَرَ مِنْ جِنْسِ عَيْنِ فِعْلِهِ وَالْوَاوِ بَيْنَ الْعَيْنِ وَاللَّامِ وَبِنَاؤُهُ لِمُبَالَغَةِ اللَّازِمِ لِأَنَّهُ يُقَالُ عَشَبَ الْأَرْضُ إِذَا نَبَتَ عَلَى وَجْهِ الْأَرْضِ فِي الْجُمْلَةِ وَيُقَالُ اعْشَوْشَبَ الْأَرْضُ إِذَا كَثُرَ نَبَاتُ وَجْهِ الْأَرْضِ ﴾

يعنى ان الباب الثانى من الفعل المزيد هو الاتى على ستة احرف بزيادة ثلاثة احرف الهمزة فى اوله وحرف مماثل لعينه والواو بين العين واللام بيان ذلك انك اذا قلت اغدودن فان الهمزة فى اوله زائدة وعينه الدال وهي مضعفة فثانى الدالين زايد ولامه النون والواو زائدة بين الدالين كما علمت وفائدته الدلالة على تكثير الفعل اللازم الا ترى انك اذا قلت عَشَبَ الْأَرْضُ فمعناه ظهر العشب على وجه الارض بقطع النظر على القلة والكثرة وهو مراده بالجملة فاذا قلت اعْشَوْشَبَ الْأَرْضُ فمعناه كثر عشبها ومصدره افعيعالا تقول اغديدانا واعشيشابا وكذلك ماضاهاهما ثم قال المؤلف

﴿ الْبَابُ الثَّالِثُ افْعَوَّلَ يَفْعَوِّلُ افْعِوَّالًا مَوْزُونُهُ اجْلَوَّذَ يَجْلَوِّذُ اجْلِوَّاذًا وَعَلَامَتُهُ أَنْ يَكُونَ مَاضِيهِ عَلَى سِتَّةِ أَحْرُفٍ بِزِيَادَةِ الْهَمْزَةِ فِي أَوَّلِهِ وَالْوَاوَيْنِ بَيْنَ الْعَيْنِ وَاللَّامِ وَبِنَاؤُهُ أَيْضًا لِمُبَالَغَةِ اللَّازِمِ لِأَنَّهُ يُقَالُ جَلَذَ الْإِبِلُ إِذَا سَارَ سَيْرًا بِسُرْعَةٍ وَيُقَالُ اجْلَوَّذَ الْإِبِلُ إِذَا سَارَ سَيْرًا بِزِيَادَةِ سُرْعَةٍ ﴾

يعنى ان الباب الثالث من الفعل السداسى الفعل المزيد فيه ثلاثة احرف الالف والواوين بيان ذلك انك اذا قلت اعْلَوَّطَ تجد الهمزة زائدة فى الاول وفاء الفعل العين وعينه اللام ولامه الطاء والواو المشددة زائدة بين العين واللام وفائدته المبالغة لانك اذا قلت جَلَذَ الإِبِلُ فمعناه

﴿ اَلنَّوْعُ ٱلثَّالِثُ وَهُوَ مَا زِيدَ فِيهِ ثَلَاثَةُ أَحْرُفٍ عَلَى الثُّلَاثِي وَهُوَ أَرْبَعَةُ أَبْوَابٍ ﴾

لما فرغ من الخماسي شرع في الكلام على السداسي وهو اربعة ابواب وسيذكرها بعد ان شاء الله ثم قال المولف

﴿ اَلْبَابُ ٱلْأَوَّلُ اسْتَفْعَلَ يَسْتَفْعِلُ اسْتِفْعَالًا مَوْزُونُهُ اسْتَخْرَجَ يَسْتَخْرِجُ اسْتِخْرَاجًا وَعَلَامَتُهُ أَنْ يَكُونَ مَاضِيهِ عَلَى سِتَّةِ أَحْرُفٍ بِزِيَادَةِ الْهَمْزَةِ وَالسِّينِ وَالتَّاءِ فِي أَوَّلِهِ وَبِنَاؤُهُ لِلتَّعْدِيَةِ غَالِبًا وَقَدْ يَكُونُ لَازِمًا مِثَالُ الْمُتَعَدِي نَحْوُ اسْتَخْرَجَ زَيْدٌ الْمَالَ وَمِثَالُ ٱللَّازِمِ اسْتَحْجَرَ الطِّينُ وَقِيلَ لِطَلَبِ الْفِعْلِ نَحْوُ اسْتَغْفِرُ ٱللَّهَ أَيْ أَطْلُبُ الْمَغْفِرَةَ مِنَ اللهِ تَعَلَى ﴾

ذكر هنا ان الباب الاول يشتمل على الصيغة الاولى من صيغ الفعل وهو ما كان على وزن استفعل بزيادة الالف والسين والتاء وذلك لانك اذا قلت اسْتَنْطَقَ زَيْدٌ عَمْرًا تجد الاصول نطق والاحرف السابقة زائدة ومصدره ياتي على وزن الاستفعال كالاستنطاق والاستخراج والاستفهام ويبنى للتعدية كثيرا نحو اسْتَنْطَقَ عَمْرُو خَالِدًا وَاسْتَخْرَجَ صَالِحٌ الْمَالَ وَاسْتَنْبَطَ بَكْرُ الْأَمْرَ وقد يكون لازما كَاسْتَحْجَرَ ٱلطِّينُ اي صار حجرا وقال بعضهم انه يبنى لطلب الفعل نحو اسْتَغْفَرْتُ ٱللَّهَ اي طلبْتُ المغفرة من الله وَاسْتَرْحَمْتُ ٱللَّهَ اي طلبْتُ الرحمة منه واسْتَعْطَفْتُ الأَمِيرَ مثل ما ذكر قال المؤلف

﴿ اَلْبَابُ ٱلثَّانِي افْعَوْعَلَ يَفْعَوْعِلُ افْعِيعَالًا مَوْزُونُهُ اعْشَوْشَبَ يَعْشَوْشِبُ اعْشِيشَابًا وَعَلَامَتُهُ أَنْ يَكُونَ مَاضِيهِ عَلَى سِتَّةِ أَحْرُفٍ بِزِيَادَةِ الْهَمْزَةِ فِي أَوَّلِهِ

وَفِعْلَالًا مَوْزُونُهُ دَحْرَجَ يُدَحْرِجُ دَحْرَجَةً وَدِحْرَاجًا وَعَلَامَتُهُ أَنْ يَكُونَ مَاضِيهِ عَلَى أَرْبَعَةِ أَحْرُفٍ بِأَنْ يَكُونَ جَمِيعُ حُرُوفِهِ أَصْلِيَّةً وَبِنَاؤُهُ لِلتَّعْدِيَةِ غَالِبًا وَقَدْ يَكُونُ لَازِمًا مِثَالُ الْمُتَعَدِّي نَحْوُ دَحْرَجَ زَيْدٌ الْحَجَرَ وَمِثَالُ اللَّازِمِ نَحْوُ دَرْبَجَ زَيْدٌ وَسِتَّةٌ مِنْهَا لِلْمُلْحَقِ بِدَحْرَجَ وَيُقَالُ لِهَذِهِ السِّتِّ الْمُلْحَقُ بِالرُّبَاعِيِّ »

يعني ان الفعل الرباعي المجرد من الزوايد على ثلاثة ابواب باب واحد يسمى باب فعلل وفي لامية الافعال

* بِفَعْلَلَ الْفِعْلُ ذُو التَّجْرِيدِ *

وهو منتهى الفعل المجرد قال في الخلاصة *

* وَمُنْتَهَاهُ أَرْبَعٌ إِنْ جُرِّدَا *

وصوغه للتعدية كثير وللازم قليل مثال المتعدى نحو دَحْرَجَ زَيْدٌ الْحَجَرَ وبَرْدَعَ خَالِدٌ الْحِمَارَ وعَنْوَنَ صَالِحٌ الْكِتَابَ ومثال اللازم دَرْبَجَ وَدَرْبَخَ وكَرْفَسَ والملحق بدربج ستة ابواب ويقال لها الملحق بالرباعي وسيذكرها المولف بابا بابا على الاثر ان شاء الله ثم قال المؤلف

« الْبَابُ الْأَوَّلُ فَوْعَلَ يُفَوْعِلُ فَوْعَلَةً وَفِيعَالًا وَمَوْزُونُهُ حَوْقَلَ يُحَوْقِلُ حَوْقَلَةً وَحِيقَالًا وَعَلَامَتُهُ أَنْ يَكُونَ مَاضِيهِ عَلَى أَرْبَعَةِ أَحْرُفٍ بِزِيَادَةِ الْوَاوِ بَيْنَ الْفَاءِ وَالْعَيْنِ وَبِنَاؤُهُ لِلَّازِمِ نَحْوُ حَوْقَلَ زَيْدٌ »

يعنى ان الباب الاول من الملحق الرباعي فوعل بزيادة الواو وذلك لانك اذا قلت مثلا فَوْدَكَ تجد فاء الفعل الفاء وعينه الدال ولامه الكاف والواو زايدة بين الفاء والعين ولا يكون الا لازما نحو حَوْقَلَ زَيْدٌ اي قال

سارت بسرعة بقطع النظر عن زيادة السرعة واذا قلت اجْلَوَّذَ الإبلُ بمعناه سارت بزيادة سرعة ومصدره ياتي على وزن افعوالا نحو اعلواطا واجلواذا وما شاكلهما ثم قال المؤلف

﴿ اَلْبَابُ ٱلرَّابِعُ ٱفْعَالَّ يَفْعَالُّ ٱفْعِيعَالاً مَوْزُونُهُ أَحْمَارَّ يَحْمَارُّ احْمِيرَارًا وَعَلَامَتُهُ أَنْ يَكُونَ مَاضِيهِ عَلَى سِتَّةِ أَحْرُفٍ بِزِيَادَةِ الْهَمْزَةِ فِي أَوَّلِهِ وَالْأَلِفِ بَيْنَ الْعَيْنِ وَٱللَّامِ وَحَرْفٍ آخَرَ مِنْ جِنْسِ ٱللَّامِ فِي آخِرِهِ وَبِنَاؤُهُ لِمُبَالَغَةِ ٱللَّازِمِ لَكِنَّ هٰذَا الْبَابَ أَبْلَغُ مِنْ بَابِ الْإِفْعِلَالِ لِأَنَّهُ يُقَالُ حَمَرَ زَيدٌ إِذَا كَانَ لَهُ حُمْرَةٌ فِي الْجُمْلَةِ وَيُقَالُ احْمَرَّ زَيْدٌ إِذَا كَانَ لَهُ حُمْرَةٌ مُبَالَغَةً وَيُقَالُ احْمَارَّ زَيْدٌ إِذَا كَانَ لَهُ حُمْرَةٌ زِيَادَةَ مُبَالَغَةٍ ﴾

يعني ان الباب الرابع من السداسي المزيد فيه ثلاثة احرف يكون على وزن افْعَالَّ بتضعيف اللام و بيان كون المزيد فيه ثلاثة احرف هكذا هو انك اذا قلت اصْفَارَّ تجد الهمزة زائدة فيه اوله و فاؤه الصاد وعينه الفاء والالف بعدها زايدة واللام هي الراء والراء المضعفة زايدة ومصدره يكون على وزن افعيعالا كاحْمَارَّ يَحْمَارُّ احْمِيرَارًا واصْفَارَّ يَصْفَارُّ اصْفِيرَارًا واسْوَادَّ يَسْوَادُّ اسْوِيدَادًا وكذلك ما شاكل هذه الامثلة و بناؤه لزيادة المبالغة والدلالة على التكثير في الفعل القاصر بيان ذلك انك اذا قلت اسود زيد فمعناه مطلق السواد بقطع النظر عن القلة والكثرة ثم تقول اذا اردت مطلق المبالغة اسْوَدَّ زَيْدٌ بدون زيادة الالف بين العين واللام واذا اردت زيادة المبالغة والكثرة تقول اسْوَادَّ بزيادة الالف ثم قال المؤلف

﴿ وَوَاحِدٌ مِنْهَا لِلرُّبَاعِيِّ الْمُجَرَّدِ وَهُوَ بَابٌ وَاحِدٌ نَحْوُ فَعْلَلَ يُفَعْلِلُ فَعْلَلَةً

﴿ اَلْبَابُ اَلرَّابِعُ فَعْيَلَ يُفَعْيِلُ فَعْيَلَةً وَفِعْيَالاً مَوْزُونُهُ عَثْيَرَ يُعَثْيِرُ عَثْيَرَةً وَعِثْيَاراً وَعَلَامَتُهُ أَنْ يَكُونَ مَاضِيهِ عَلَى أَرْبَعَةِ أَحْرُفٍ بِزِيَادَةِ اَلْيَاءِ بَيْنَ اَلْعَيْنِ وَاللَّامِ وَبِنَاؤُهُ لِلَّازِمِ نَحْوُ عَثْيَرَ زَيْدٌ أَيْ طَلَعَ ﴾

ذكر هنا الباب الرابع من الملحق بالرباعي المجرد فذكر انه ياتي على وزن فعيل بزيادة الياء بين العين واللام وذلك لانك اذا قلت مثلا عَذْيَطَ تجد فاء الفعل العين وعينه الذال المعجمة ولامه الطاء والياء زائدة كما هو ظاهر ومصدره فعيلة وفعيالا تقول عَذْيَطَ زَيْدٌ اي احدث عند الجماع وعَثْيَرَ زَيْدٌ اذا طلع وقس على ذلك ما اشبهه من كل فعل على وزنه ثم قال المؤلف

﴿ اَلْبَابُ اَلْخَامِسُ فَعْلَلَ يُفَعْلِلُ فَعْلَلَةً وَفِعْلَالاً مَوْزُونُهُ جَلْبَبَ يُجَلْبِبُ جَلْبَبَةً وَجِلْبَاباً وَعَلَامَتُهُ أَنْ يَكُونَ مَاضِيهِ عَلَى أَرْبَعَةِ أَحْرُفٍ بِزِيَادَةِ حَرْفٍ وَاحِدٍ مِنْ جِنْسِ لَامِ فِعْلِهِ فِي آخِرِهِ وَبِنَاؤُهُ لِلتَّعْدِيَةِ فَقَطْ نَحْوُ جَلْبَبَ زَيْدٌ إِذَا لَبِسَ اَلْجِلْبَابَ ﴾

يعني ان الباب الخامس من ملحق الرباعي فعلل وهو ما زيد فيه حرف واحد مماثل للامه الاترى انك اذا قلت مثلا دَلْقَقَ فانك تجد الفاء هي الدال واللام هي العين ولام الكلمة الفاء وهي مضعفة ومصدره فَعْلَلَةً وفِعْلَالاً نحو دَلْقَقَةً ودِلْقَاقاً ويصاغ للمتعدى فقط نحو جَلْبَبَ زَيْدٌ الْجِلْبَابَ يُجَلْبِبُهُ جَلْبَبَةً وجِلْبَاباً وكذلك ما اشبهه تفعل به هذا ثم قال المؤلف

﴿ اَلْبَابُ اَلسَّادِسُ فَعْلَى يُفَعْلِي فَعْلَيَةً وَفِعْلَاءً مَوْزُونُهُ سَلْقَى يُسَلْقِي سَلْقَيَةً وَسِلْقَاءً وَعَلَامَتُهُ أَنْ يَكُونَ مَاضِيهِ عَلَى أَرْبَعَةِ أَحْرُفٍ بِزِيَادَةِ اَلْيَاءِ فِي آخِرِهِ

لا حول ولا قوة الا بالله ومنه جَوْرَبَتِ الْمَرْأَةُ اذا لبست الجورب وله مصدران فوعلة وفيعالا ثم قال المؤلف

﴿ اَلْبَابُ اَلثَّانِي فَيْعَلَ يُفَيْعِلُ فَيْعَلَةً وَفِيعَالًا مَوْزُونُهُ بَيْطَرَ يُبَيْطِرُ بَيْطَرَةً وَبِيطَارًا وَعَلَامَتُهُ أَنْ يَكُونَ مَاضِيهِ عَلَى أَرْبَعَةِ أَحْرُفٍ بِزِيَادَةِ الْيَاءِ بَيْنَ الْفَاءِ وَالْعَيْنِ وَبِنَاؤُهُ لِلتَّعْدِيَةِ فَقَطْ نَحْوُ بَيْطَرَ زَيْدٌ الْقَلَمَ أَيْ شَقَّهُ ﴾

يعني ان الباب الثاني من الملحق بالرباعي المجرد فيعل بزيادة الياء بين الفاء والعين بيانه انك اذا قلت مثلا هَيْكَلَ تجد فاء الفعل الهاء وعينه الكاف ولامه اللام والياء زايدة كما لا يخفى ومصدره فيعالا و فيعلة نحو هيكلة وهيكالا ويكون للتعدية فقط تقول بَيْطَرَ زَيْدٌ الْقَلَمَ اذا شقه ومنه حيعل اذا قال حيي على الصلاة وجيعل إذا قال انا لله وانا اليه راجعون وقس على ذلك ما شاكله ثم قال المؤلف

﴿ اَلْبَابُ اَلثَّالِثُ فَعْوَلَ يُفَعْوِلُ فَعْوَلَةً وَفِعْوَالًا مَوْزُونُهُ جَهْوَرَ يُجَهْوِرُ جَهْوَرَةً وَجِهْوَارًا وَعَلَامَتُهُ أَنْ يَكُونَ مَاضِيهِ عَلَى أَرْبَعَةِ أَحْرُفٍ بِزِيَادَةِ الْوَاوِ بَيْنَ الْعَيْنِ وَاللَّامِ وَبِنَاؤُهُ أَيْضًا لِلتَّعْدِيَةِ نَحْوُ جَهْوَرَ زَيْدٌ الْقُرْآنَ ﴾

يعني ان الباب الثالث من الملحق بالرباعي المجرد فعول بزيادة الواو بين العين واللام بيانه انك اذا قلت مثلا هَرْوَلَ تجد فاء الكلمة الهاء وعينها الراء ولامها اللام والواو زايدة كما رأيت ومصدره ياتي على وزن فَعْوَلَةً وفِعْوَالًا كهرولة وهروالا ويكون بناؤه للتعدية نحو جَهْوَرَ زَيْدٌ الْقُرْآنَ جِهْوَارًا وجَهْوَرَةً وَوَسْوَسَ زَيْدٌ عَمْرًا وَسْوَسَةً وَوِسْوَاسًا ثم قال المؤلف

ثم إنه يبنى للمطاوعة وهو قبول المطاوع بالكسر اثر فعل فاعل المطاوع بالفتح كما سبق تفسيرها ءانفا نحو قولك دحرجت الحجر فتدحرج ذلك الحجر ودربجت زيدا فطاوعنى فتدربج زيد وقس على ذلك ما شابهه ثم قال المؤلف

﴿ ٱلنَّوْعُ ٱلثَّانِى وَهُوَ مَا زِيدَ فِيهِ حَرْفَانِ عَلَى ٱلرُّبَاعِيِّ وَهُوَ بَابَانِ ﴾

لما تكلم على النوع الاول من الرباعى المجرد المزيد فيه حرف واحد اخذ يتكلم على النوع الثانى وهو المزيد فيه حرفان و ذكر انه بابان ثم قال المؤلف

﴿ الْبَابُ الأَوَّلُ ٱفْعَنْلَلَ يَفْعَنْلِلُ ٱفْعِنْلَالاً مَوْزُونُهُ احْرَنْجَمَ يَحْرَنْجِمُ ٱحْرِنْجَاماً وَعَلَامَتُهُ أَنْ يَكُونَ مَاضِيهِ عَلَى سِتَّةِ أَحْرُفٍ بِزِيَادَةِ الْهَمْزَةِ فِى أَوَّلِهِ وَٱلنُّونِ بَيْنَ الْعَيْنِ وَٱللَّامِ الأُولَى وَبِنَاؤُهِ لِلْمُطَاوَعَةِ أَيْضًا نَحْوُ حَرْجَمْتُ الإِبِلَ فَاحْرَنْجَمَ ذَلِكَ الإِبِلُ ﴾

يعنى ان الباب الاول من النوع الثانى ما كان على وزن افعنلل بزيادة الالف والنون الاترى انك اذا قلت اسلنقى تجد الالف زائدة فى اوله والنون بين فاء الفعل وهو السين وعينه وهو اللام كما لايخفى ومصدره افعنلالا نحو اسْلِنْقَاءً وَاحْرِنْجَامًا و بناؤه للمطاوعة كما سبق فى الذى قبله تقول سَلْقَيْتُ زَيْدًا فَاسْلَنْقَى وحَرْجَمْتُ الابلَ فاحْرَنْجَمَتْ وقس على ذلك ما شابهه ثم قال المؤلف

﴿ الْبَابُ ٱلثَّانِى ٱفْعَلَلَّ يَفْعَلِلُّ ٱفْعِلَّالاً مَوْزُونُهُ ٱقْشَعَرَّ يَقْشَعِرُّ ٱقْشِعْرَاراً وَعَلَامَتُهُ أَنْ يَكُونَ مَاضِيهِ عَلَى سِتَّةِ أَحْرُفٍ بِزِيَادَةِ الْهَمْزَةِ فِى أَوَّلِهِ وَحَرْفٍ ءاخَرَ مِنْ

وَبِنَاؤُهُ لِلَّازِمِ فَقَطْ نَحْوُ سَلْقَى زَيْدٌ أَيْ نَامَ عَلَى قَفَاهُ وَيُقَالُ لِهَذِهِ السِّتَّةِ الْمُلْحَقُ بِالرُّبَاعِيِّ وَمَعْنَى الْإِلْحَاقِ اتِّحَادُ الْمَصْدَرَيْنِ أَيِ الْمُلْحَقِ وَالْمُلْحَقِ بِهِ ﴾

يعنى ان من الملحق بالرباعى فعلى بزيادة الالف فى آخره تقول دَرْحَى يُدَرْحِي ومصدره فَعْلَيَةً وَفِعْلَاءً نحو دَرْحَيَةً ودِرْحَاءً ولا يبنى الا لازما تقول سَلْقَى زَيْدٌ اي نام على قفاه يُسَلْقِي سَلْقَيَةً وسِلْقَاءً ثم ان الستة ابواب المتقدمة تسمي عند الصرفيين الملحقة بالرباعي ومعنى الالحاق هنا ان مصدر الملحق به وهو دحرج والملحق وهو الابواب الستة واحد كما يعلم ذلك من الامثلة السابقة فانك اذا تاملتها تجد وزنها واحدا كما لا يخفى ثم قال المؤلف

﴿ وَثَلَاثَةٌ مِنْهَا لِمَا زَادَ عَلَى الرُّبَاعِيِّ الْمُجَرَّدِ وَهُوَ عَلَى نَوْعَيْنِ ﴾

يعنى ان ثلاثة من الافعال لما زاد على الرباعى المجرد من الزوائد وهو نوعان سيذكرهما بعد قريبا قال المؤلف

﴿ النَّوْعُ الْأَوَّلُ وَهُوَ مَا زِيدَ فِيهِ حَرْفٌ وَاحِدٌ عَلَى الرُّبَاعِيِّ الْمُجَرَّدِ وَهُوَ بَابٌ وَاحِدٌ وَزْنُهُ تَفَعْلَلَ يَتَفَعْلَلُ تَفَعْلُلًا مَوْزُونُهُ تَدَحْرَجَ يَتَدَحْرَجُ تَدَحْرُجًا وَعَلَامَتُهُ أَنْ يَكُونَ مَاضِيهِ عَلَى خَمْسَةِ أَحْرُفٍ بِزِيَادَةِ التَّاءِ فِي أَوَّلِهِ وَبِنَاؤُهُ لِلْمُطَاوَعَةِ نَحْوُ دَحْرَجْتُ الْحَجَرَ فَتَدَحْرَجَ ذَلِكَ الْحَجَرُ ﴾

يعنى ان النوع الاول من النوعين وهو ما زيد فيه حرف واحد على الرباعى المجرد من الزوائد وذلك باب واحد لا غير وهو ما كان على وزن تفعلل يتفعلل تفعللا نحو تَدَرْبَجَ وتَدَرْبَخَ ويَتَدَرْبَجُ ويَتَدَرْبَخُ ومصدره تَفَعْلُلًا بضم الحرف الرابع قال فى الخلاصة

* وَضُمَّ مَا يَرْبَعُ فِي أَمْثَالِ قَدْ تَلَمْلَمَا *

تفعللا نحو تدلقف يتدلقف تدلقفا وتخلل يتخلل تخللا وتذلل يتذلل تذللا وتخلل يتخلل تخللا وبناؤه للازم نحو تخللت هند وتذلل بكر وتجلبب زيد ثم قال المؤلف

﴿ اَلْبَابُ اَلثَّانِي تَفَوْعَلَ يَتَفَوْعَلُ تَفَوْعُلاً مَوْزُونُهُ تَجَوْرَبَ يَتَجَوْرَبُ تَجَوْرُبًا وَعَلَامَتُهُ أَنْ يَكُونَ مَاضِيهِ عَلَى خَمْسَةِ أَحْرُفٍ بِزِيَادَةِ اَلتَّاءِ فِي أَوَّلِهِ وَالْوَاوِ بَيْنَ الْفَاءِ وَالْعَيْنِ وَبِنَاؤُهُ لِلَّازِمِ نَحْوُ تَجَوْرَبَ زَيْدٌ ﴾

يعني ان الباب الثاني من ملحق تدحرج تفوعل بزيادة حرفين التاء اوله والواو بين الفاء والعين نحو تجوهر زيد فان التاء زائدة اوله وفاء الكلمة الجيم والواو زائدة وعين الكلمة الهاء ولامها الراء ومصدره تفعللا نحو قولك تَجَوْرَبَ زَيْدٌ يَتَجَوْرَبُ تَجَوْرُبًا وبناؤه للازم نحو تَحَوْقَلَ زَيْدٌ وتَحَوْمَلَ بِكْرٌ ثم قال المؤلف

﴿ اَلْبَابُ اَلثَّالِثُ تَفَيْعَلَ يَتَفَيْعَلُ تَفَيْعُلاً مَوْزُونُهُ تَشَيْطَنَ يَتَشَيْطَنُ تَشَيْطُنًا وَعَلَامَتُهُ أَنْ يَكُونَ مَاضِيهِ عَلَى خَمْسَةِ أَحْرُفٍ بِزِيَادَةِ اَلتَّاءِ فِي أَوَّلِهِ وَالْيَاءِ بَيْنَ الْفَاءِ وَالْعَيْنِ وَبِنَاؤُهُ لِلَّازِمِ نَحْوُ تَشَيْطَنَ زَيْدٌ ﴾

يعني ان الباب الثالث من ملحق تدحرج ما كان على وزن تفيعل بزيادة التاء اوله والياء بين فائه وعينه نحو تبيطر فان فاء الكلمة الباء والتاء زائدة قبل الفاء وعينه الطاء والياء زائدة بين الفاء والعين ولامه الراء ومصدره تفيعلا نحو تَبَيْطَرَ يَتَبَيْطَرُ تَبَيْطُرًا ويصاغ للازم نحو تَشَيْطَنَ زَيْدٌ وَتَدَيَّنَ عَمْرٌو يَتَدَيَّنُ وَتَرَيَّبَ اللَّبَنُ ثم قال المؤلف

جِنْسِ ٱللَّامِ ٱلثَّانِيَةِ فِي ءَاخِرِهِ وَبِنَاؤُهُ لِمُبَالَغَةِ ٱللَّازِمِ لِأَنَّهُ يُقَالُ ٱقْشَعَرَّ جِلْدُ ٱلرَّجُلِ إِذَا ٱنْتَشَرَ شَعَرُ جِلْدِهِ فِي ٱلْجُمْلَةِ وَيُقَالُ ٱقْشَعَارَّ جِلْدُ ٱلرَّجُلِ إِذَا ٱنْتَشَرَ شَعَرُ جِلْدِهِ مُبَالَغَةً ﴾

يعنى ان الباب الثانى من النوع الثانى ما كان على وزن افعلل بستة احرف حرفان زائدان وهما الهمزة اوله وحرف ءاخر مجانس للامه نحو اطْمَأَنَّ فانك تجد فاء الكلمة الطاء والهمزة زايدة وعين الكلمة الميم واحدى النونين زايدة فى الاخير ومصدره على وزن افْعِلَّالًا كَاطْمِئْنَانًا ومثله اشْمَأَزَّ اشْمِئْزَازًا ويصاغ لمبالغة اللازم لانك اذا قلت قَشْعَرَ فمعناه انتشر مجردا عن المبالغة فى الكثرة فاذا قلت اقْشَعَرَّ جِلْدُ زَيْدٍ مثلا فمعناه انتشر شعر جلده انتشارا زائدا وهكذا فى كل ما وافقه ثم قال المؤلف

﴿ وَخَمْسَةٌ مِنْهَا لِمُلْحَقِ تَدَحْرَجَ ﴾

يعنى ان ملحق تدحرج منحصر فى خمسة ابواب ذكرها المصنف مفصلة بابا بابا كما ستقف على ذلك ان شاء الله تعلى ثم قال المؤلف

﴿ اَلْبَابُ الْاَوَّلُ تَفَعْلَلَ يَتَفَعْلَلُ تَفَعْلُلًا مَوْزُونُهُ تَجَلْبَبَ يَتَجَلْبَبُ تَجَلْبُبًا وَعَلَامَتُهُ أَنْ يَكُونَ مَاضِيهِ عَلَى خَمْسَةِ أَحْرُفٍ بِزِيَادَةِ ٱلتَّاءِ فِي أَوَّلِهِ وَحَرْفٍ ءَاخَرَ مِنْ جِنْسِ لَامِ فِعْلِهِ فِي ءَاخِرِهِ وَبِنَاؤُهُ لِلَّازِمِ نَحْوُ تَجَلْبَبَ زَيْدٌ ﴾

يعنى ان الباب الاول من ملحق تدحرج هو ما كان على وزن تفعلل بزيادة التاء اوله وحرف مجانس للامه فى ءاخره نحو تَدَلْقَفَ فالتاء زائدة وفاؤه الدال وعينه اللام ولامه القاف والفاء الاخيرة زائدة ومصدره ياتى على وزن

لما جرى فى كلام المولف ذكر الالحاق اراد ان يبينه لئلا يتوهم ان الالحاق حصل بزيادة التاء فقال حقيقة الالحاق فى هذه الصيغ الملحقات بتدحرج هو زيادة حرف فى وسط الكلمة او فى ءاخرها لا بالتاء وذلك لان التاء انما اوتى بها للمطاوعة لا غير تقول دَحْرَجْتُ الْحَجَرَ فطاوعنى فتدحرج وعَلَّمْتُ زَيْدًا الْحِسَابَ فطاوعنى فتعلم وجَوْرَبْتُ زَيْدًا فطاوعنى فتجورب وهكذا لان العلماء صرحوا بان الالحاق مخصوص بغير الاول كما ذالك فى المفصل وغيره من الكتب المصنفة فى علم التصريف ثم قال المولف

﴿ وَاثْنَانِ لِمُلْحَقِ احْرَنْجَمَ ﴾

يعنى ان صيغتين ملحقتان باحرنجم وقد بينهما بقوله

﴿ اَلْبَابُ الْأَوَّلُ افْعَنْلَلَ يَفْعَنْلِلُ افْعِنْلَالًا مَوْزُونُهُ اقْعَنْسَسَ يَقْعَنْسِسُ اقْعِنْسَاسًا وَعَلَامَتُهُ أَنْ يَكُونَ مَاضِيهِ عَلَى سِتَّةِ أَحْرُفٍ بِزِيَّادَةِ الْهَمْزَةِ فِى أَوَّلِهِ وَالنُّونِ بَيْنَ الْعَيْنِ وَاللَّامِ وَحَرْفٍ ءاخَرَ مِنْ جِنْسِ لَامِ فِعْلِهِ فِى ءاخِرِهِ وَبِنَاؤُهُ لِمُبَالَغَةِ اللَّازِمِ لِأَنَّهُ يُقَالُ قَعَسَ الرَّجُلُ إِذَا خَرَجَ صَدْرُهُ فِى الْجُمْلَةِ وَيُقَالُ اقْعَنْسَسَ الرَّجُلُ إِذَا خَرَجَ صَدْرُهُ وَدَخَلَ ظَهْرُهُ مُبَالَغَةً ﴾

يعنى ان الباب الاول من ملحق احرنجم افعنلل المزيد فيه ثلاثة احرف حرف اوله وهو الهمزة وحرف بين عينه ولامه وهو اللام وحرف ءاخره مماثل للامه نحو اشْهَنْمَمَ يَشْهَنْمِمُ اشهِنْمَامًا فانك ترى الهمزة والنون واحدى الميمين زايدة ومصدره ياتى على وزن افعنلالا وبناؤه لمبالغة الفعل اللازم الاترى انك اذا اردت مطلق الفعل فانك تقول مثلا قَعَسَ الرَّجُلُ اذا خرج صدره

﴿ البَابُ الرَّابِعُ تفَعْوَلَ يَتَفَعْوَلُ تَفَعْوُلاً مَوْزُونُهُ تَرَهْوَكَ يَتَرَهْوَكُ تَرَهْوُكاً وَعَلَامَتُهُ أَنْ يَكُونَ مَاضِيهِ عَلَى خَمْسَةِ أَحْرُفٍ بِزِيَادَةِ التَّاءِ فِي أَوَّلِهِ وَالوَاوِ بَيْنَ العَيْنِ وَاللَّامِ وَبِنَاؤُهُ لِلَّازِمِ نَحْوُ تَرَهْوَكَ زَيْدٌ ﴾

يعني ان الباب الرابع من ملحق تدحرج هو ما كان على وزن تفعول بزيادة التاء اوله والواو بين عينه ولامه نحو تجهور صوت زيد فانك تجد فاء الكلمة الجيم والتاء زائدة قبله وعينه الهاء والواو بعده زائدة ولامه الراء ومصدره تفعولا نحو تَجَهْوَرَ يَتَجَهْوَرُ تَجَهْوُراً وَتَسَرْوَلَ يَتَسَرْوَلُ تَسَرْوُلاً وَتَرَهْوَكَ يَتَرَهْوَكُ تَرَهْوُكاً وَتَهَرْوَلَ يَتَهَرْوَلُ تَهَرْوُلاً ويبنى للازم نحو تَرَهْوَكَ زَيْدٌ تَرَهْوُكاً ثم قال المؤلف

﴿ البَابُ الخَامِسُ تَفَعْلَى يَتَفَعْلَى تَفَعْلِياً مَوْزُونُهُ تَسَلْقَى يَتَسَلْقَى تَسَلْقِياً وَعَلَامَتُهُ أَنْ يَكُونَ مَاضِيهِ عَلَى خَمْسَةِ أَحْرُفٍ بِزِيَادَةِ التَّاءِ فِي أَوَّلِهِ وَاليَاءِ فِي آخِرِهِ وَبِنَاؤُهُ لِلَّازِمِ نَحْوُ تَسَلْقَى زَيْدٌ أَيْ نَامَ عَلَى قَفَاهُ ﴾

يعنى ان الباب الخامس من ملحق تدحرج تفعلى بزيادة حرفين التاء اولا و الياء اخرا نحو تَرَدَّى وتَرَوَّى وَتَسَلْقَى وَيَتَسَلْقَى ومصدره تفعليا كتَرَدَّى تَرَدِّياً وتَرَوَّى تَرَوِّياً ويصاغ للازم فقط تقول تَرَوَّى زَيْدٌ فى الامر وتَسَلْقَى عَمْرٌو اذا نام على قفاه متسلقيا وما اشبه ذلك ثم قال المؤلف

﴿ وَحَقِيقَةُ الإِلْحَاقِ فِي هَذِهِ المُلْحَقَاتِ إِنَّمَا تَكُونُ بِزِيَادَةِ غَيْرِ التَّاءِ مَثَلاً الإِلْحَاقُ فِي تَجَلْبَبَ إِنَّمَا هُوَ بِتَكْرَارِ البَاءِ وَالتَّاءُ إِنَّمَا دَخَلَتْ لِمَعْنَى المُطَاوَعَةِ كَمَا كَانَتْ فِي تَدَحْرَجَ لِأَنَّ الإِلْحَاقَ لَا يَكُونُ فِي أَوَّلِ الكَلِمَةِ بَلْ فِي وَسَطِهَا وَآخِرِهَا عَلَى مَا صَرَّحَ بِهِ فِي شَرْحِ المُفَصَّلِ ﴾

اما ان يكون ثلاثيا مجردا من الزوايد سالما من الاعلال نحو كَرُمَ وَجَلَبَ وَفَلَحَ وَصَلُحَ وَجَلَسَ وَجَعَلَ وَسَمِعَ وَفَهِمَ وَتَعِبَ وَذَهَبَ وَحَزَرَ وَخَرِسَ وَخَرِبَ وَحَرَثَ الرَّجُلُ المَالَ جمعه فهذه الامثلة كلها للثلاثي السالم من الاعلال المجرد من الزوايد

واما ان يكون الفعل ثلاثيا مجردا من الزوايد غير سالم من الاعلال نحو وَعَدَ وَوَثِقَ وَوَثَبَ وَوَجَدَ وَوَجِعَ وَوَخُمَ المَكَانُ فهو وخيم وَوَرَدَ وَوَرِثَ وَوَسِعَ الإناءُ الماءَ فهذه الامثلة كلها للثلاثي المجرد المعتل لان فاءه واو كما علمته

واما ان يكون الفعل رباعيا مجردا من الزوايد سالما من الاعلال نحو لَهْذَمَ اي قطع والهذم اللص قاله الجوهري ولَهْزَمَ اي خالط وَدَحْرَجَ وَدَرْبَجَ وَهَذْرَمَ اي اسرع في القراءة وَزَعْفَقَ الرَّجُلُ اذا ساء خلقه وَزَبْرَقَ الثَّوْبَ اذا اصفره وَزَحْلَقَ فهذه امثلة الرباعي المجرد

واما ان يكون رباعيا مجردا غير سالم نحو وَسْوَسَ وَوَعْوَعَ وَوَلْوَلَ فهذه امثلة الرباعي المجرد المعتل

واما ان يكون ثلاثيا مزيدا فيه سالما نحو أَكْرَمَ وَأَعْلَمَ وَأَجْمَلَ وَأَدْبَرَ وَأَلَمَّ إِلْمَامًا وَأَمْكَنَ نحو أَمْكَنَهُ اللّٰهُ مِنْهُ إِمْكَانًا وَأَقْبَلَ إِقْبَالًا وأَسْمَعَهُ اللّٰهُ الخَيْرَ إِسْمَاعًا وَأَهْلَكَ اللّٰهُ الظَّالِمَ وَأَحْسَنَ اللّٰهُ إِلَيْهِ فهذه امثلة الثلاثي المزيد فيه السالم

واما ان يكون ثلاثيا مزيدا فيه غير سالم نحو أَوْعَدَ وَأَوْفَى وَأَوْمَأَ إِلَيْهِ إِيمَاءً وَأَوْعَى وَأَوْهَى وَأَوْحَى إِيحَاءً وَأَوْجَدَ إِيجَادًا وَأَوْجَعَهُ المَرَضُ فهذه امثلة الثلاثي المزيد فيه الغير السالم

وشهم الرجل اذا ظهرت شجاعته فاذا اردت زيادة المبالغة قلت اقعنسس الرَّجُلُ واشهَنْمَمَ وقس عليهما ما اشبههما ثم قال المؤلف

﴿ اَلبَابُ اَلثَّانِي افْعَنْلَى يَفْعَنْلِي افْعِنْلَاءً مَوْزُونُهُ اسْلَنْقَى يَسْلَنْقِي اسْلِنْقَاءً وَعَلَامَتُهُ أَنْ يَكُونَ مَاضِيهِ عَلَى سِتَّةِ أَحْرُفٍ بِزِيَادَةِ الْهَمْزَةِ فِي أَوَّلِهِ وَالنُّونِ بَيْنَ الْعَيْنِ وَاللَّامِ وَالْيَاءِ فِي آخِرِهِ وَبِنَاؤُهُ لِلَّازِمِ نَحْوُ اسْلَنْقَى زَيْدٌ ﴾

يعني ان الملحق الثاني باحرنجم هو ما كان على وزن افعنلى بزيادة ثلاثة احرف الهمزة اوله والنون بين عينه ولامه والياء آخره نحو اغْزَنْوَى يَغْزَنْوِي اغْزِنْوَاءً وبني للازم فقط ولا يستعمل منه المتعدى ومنه احْرَنْجَى يَحْرَنْجِي احْرِنْجَاءً وَاسْلَنْقَى يَسْلَنْقِي اسْلِنْقَاءً وقس عليها ما اشبهها ثم قال المؤلف

﴿ ثُمَّ اعْلَمْ أَنَّ الْفِعْلَ الْمُنْحَصِرَ فِي هَذِهِ الْأَبْوَابِ إِمَّا ثُلَاثِيٌّ مُجَرَّدٌ سَالِمٌ نَحْوُ كَرُمَ وَامَّا ثُلَاثِيٌّ مُجَرَّدٌ غَيْرُ سَالِمٍ نَحْوُ وَسْوَسَ وَامَّا ثُلَاثِيٌّ مَزِيدٌ فِيهِ سَالِمٌ نَحْوُ أَكْرَمَ وَإِمَّا ثُلَاثِيٌّ مَزِيدٌ فِيهِ غَيْرُ سَالِمٍ نَحْوُ أَوْعَدَ وَإِمَّا رُبَاعِيٌّ مَزِيدٌ فِيهِ سَالِمٌ نَحْوُ تَدَحْرَجَ وَإِمَّا رُبَاعِيٌّ مَزِيدٌ فِيهِ غَيْرُ سَالِمٍ نَحْوُ تَوَسْوَسَ وَيُقَالُ لِهَذِهِ الْاقْسَامِ الْاقْسَامُ الثَّمَانِيَةُ ﴾

لما ذكر المؤلف اقسام الافعال على سبيل التفصيل ذكرها هنا على سبيل الاجمال وحصرها في ثمانية اقسام وحصرها استقرائي . قوله ثم اعلم اي بعد ما علمت الاقسام المتقدمة اعلم ثانيا ان الفعل المنحصر في هذه الابواب التي سبق الكلام عليها فيه تفصيل

يعني ان الفعل ايضا يكون اجوف اذا كان عينه حرفا من حروف العلة نحو بَاعَ وخَافَ وطَالَ وقَامَ ونَامَ وصَامَ وقَالَ وكَالَ وصَالَ فهذا يسمى في اصطلاحهم اجوف ثم قال المؤلف

﴿ وَإِمَّا نَاقِصٌ وَهُوَ ٱلَّذِي يَكُونُ فِي مُقَابَلَةِ لَامِهِ حَرْفٌ مِنْ حُرُوفِ ٱلْعِلَّةِ نَحْوُ غَزَى وَرَمَى ﴾

يعني ان الفعل يسمى ايضا ناقصا اذا كان لامه حرفا من حروف العلة نحو دَعَا وقَضَى وغَزَى ورَمَى وعَفَا وعَرَى وفَنِيَ وبَغَى وخَشِيَ فهذا يكون عندهم ناقصا ثم قال المؤلف

﴿ وَإِمَّا لَفِيفٌ وَهُوَ ٱلَّذِي يَكُونُ فِيهِ حَرْفَانِ مِنْ حُرُوفِ ٱلْعِلَّةِ وَهُوَ عَلَى قِسْمَيْنِ الأَوَّلُ ٱللَّفِيفُ ٱلْمَقْرُونُ وَهُوَ ٱلَّذِي يَكُونُ فِي مُقَابَلَةِ عَيْنِهِ وَلَامِهِ حَرْفَانِ مِنْ حُرُوفِ ٱلْعِلَّةِ نَحْوُ طَوَى ﴾

يعني ان الفعل يكون ايضا لفيفا وهو الذي يكون فيه حرفا علة واللفيف ينقسم الى قسمين القسم الاول يسمى مقرونا وهو الذي عينه ولامه حرفا علة وذلك نحو قولك هَوَى فان فاءه الهاء وهي حرف صحيح وعينه الواو وهو حرف علة ولامه الالف وهو حرف علة فهو اذا لفيف مقرون وكذلك طَوَى يَطْوِي وَحَوَى الأَمْرَ يَحْوِيهِ وَجَوِيَ يَجْوَى جَوًى ونَوَى يَنْوِي نِيَّةً وقَوِيَ على الامر يقْوَى وكَوَاهُ يَكْوِيهِ كَيًّا وعَوَى وغَوَاهُ الشيطانُ يغْوِيهِ غَيًّا ورَوَى يَرْوِيهِ رُؤْيًا فهذه امثلة اللفيف المقرون ثم اشار الى القسم الثاني من اللفيف فقال

﴿ وَٱلثَّانِي ٱللَّفِيفُ ٱلْمَفْرُوقُ وَهُوَ ٱلَّذِي يَكُونُ فِي مُقَابَلَةِ فَائِهِ وَلَامِهِ حَرْفَانِ مِنْ حُرُوفِ ٱلْعِلَّةِ نَحْوُ وَفَى ﴾

واما ان يكون رباعيا مزيدا فيه سالما نحو تَدَحْرَجَ وَتَدَرْبَجَ وَتَدَرْبَخَ وَتَلَهْزَمَ وَتَرَعْفَقَ تَرَعْفُقًا فهذه امثلة الرباعى المزيد فيه السالم

واما ان يكون رباعيا مزيدا فيه غير سالم نحو تَوَسْوَسَ وَتَوَلْوَلَ وَتَوَعْوَعَ وَتَوَعْكَكَ تَوَعْكًا وَتَوَزَّمَ تَوَزُّمًا فهذه امثلة الرباعى المزيد فيه الغير السالم ثم ان هذه الاقسام يقال لها الاقسام الثمانية ثم قال المؤلف

﴿ وَٱعْلَمْ أَنَّ كُلَّ فِعْلٍ إِمَّا صَحِيحٌ وَهُوَ ٱلَّذِى لَيْسَ فِى مُقَابَلَةِ فَائِهِ وَعَيْنِهِ وَلَامِهِ حَرْفٌ مِنْ حُرُوفِ ٱلْعِلَّةِ وَهِيَ ٱلْوَاوُ وَٱلْيَاءُ وَٱلْأَلِفُ وَٱلْهَمْزَةُ وَٱلتَّضْعِيفُ نَحْوُ نَصَرَ ﴾

يعنى ان الفعل يكون صحيحا وهو الفعل الذى ليس فاؤه ولا عينه ولا لامه حرف علة وذلك نحو نَصَرَ لان مادته سالمة ومثله قَتَلَ وَضَرَبَ وَكَفَرَ وَهَرَبَ وحروف العلة يجمعها قولك وأي ويشترط ان يكون سالما من الهمزة والتضعيف ثم قال المؤلف

﴿ وَإِمَّا مِثَالٌ وَهُوَ ٱلَّذِى يَكُونُ فِى مُقَابَلَةِ فَائِهِ حَرْفٌ مِنْ حُرُوفِ ٱلْعِلَّةِ نَحْوُ وَعَدَ وَيَسَرَ ﴾

يعنى ان الفعل ايضا يكون مثالا اذا كان فاؤه حرفا من حروف العلة نحو وَعَدَ وَوَفِىَ وَوَلِيَ وَوَعَى وَوَثَبَ وَيَسَرَ وَيَبِسَ وَيَبِسَ وَيَقِظَ وَيَدَعَ وَيَنِعَ ٱلثَّمَرُ اذا ادرك فهذا يسمى فى اصطلاحهم مثالا ثم قال المؤلف

﴿ وَإِمَّا أَجْوَفُ وَهُوَ ٱلَّذِى يَكُونُ فِى مُقَابَلَةِ عَيْنِهِ حَرْفٌ مِنْ حُرُوفِ ٱلْعِلَّةِ نَحْوُ قَالَ وَكَالَ ﴾

ادخال احد المتجانسين اي المتشاكلين في الاخر والادغام الادخال والايلاج قاله الجوهري ومنه ادغام الحروف يقال دغمت الحرف وادغمته على وزن افعلته والدغم كسر الانف الى باطنه هشما ثم ذكر المؤلف ان الادغام ثلاثة اقسام اشار الى بيانها بقوله

﴿ اَلنَّوْعُ الاَوَّلُ وَاجِبٌ وَهُوَ أَنْ يَكُونَ الْحَرْفَانِ الْمُتَجَانِسَانِ مُتَحَرِّكَيْنِ أَوْ يَكُونَ الحَرْفُ الأَوَّلُ سَاكِنًا وَالْحَرْفُ الثَّانِي مُتَحَرِّكًا نَحْوُ مَدَّ يَمُدُّ ﴾

يعنى ان النوع الاول الواجب ينقسم الى قسمين الاول اما ان يكون اول المتجانسين متحركا نحو رد اصله ردد فاول المتجانسين متحرك فيسكن ويدغم في الاخر على سبيل الوجوب والثانى هو ان يكون اول المثلين ساكنا نحو رد ومد فاصله ردد فادغم الساكن في المتحرك على سبيل الوجوب ثم قال المولف

﴿ اَلنَّوْعُ الثَّانِي جَايِزٌ وَهُوَ أَنْ يَكُونَ الْحَرْفُ الاَوَّلُ مِنَ الْمُتَجَانِسَيْنِ مُتَحَرِّكًا وَالْحَرْفُ الثَّانِي سَاكِنًا بِسُكُونٍ عَارِضٍ نَحْوُ لَمْ يَمُدَّ بِحَرَكَةِ الدَّالِ الثَّانِيَةِ أَصْلُهُ لَمْ يَمْدُدْ فَنُقِلَتْ حَرَكَةُ الدَّالِ الأُولَى إِلَى الْمِيمِ ثُمَّ حُرِّكَتِ الدَّالُ الثَّانِيَةُ إِمَّا بِالْفَتْحِ أَوْ بِالضَّمِ وَبِالْكَسْرِ لِكَوْنِ سُكُونِهَا عَارِضًا ﴾

يعنى ان النوع الثانى من الادغام وهو الجايز هو ان يكون الحرف الاول من المتشاكلين متحركا والثانى ساكنا سكونا عارضا مثال ذلك لم يمد اصله لم يمدد بحركة الدال الاولى وسكون الثانية للجازم فلك ان تبقيه مفكوكا ولك ان تنقل حركة الدال الاولى الى الثانية وتدغم احديهما في الاخرى ويجوز

يعنى ان القسم الثانى من قسمي اللفيف يدعى مفروقا وهو الذى يكون فاؤه حرف علة ولامه كذلك والعين حرفا صحيحا ولذلك سمي مفروقا والاول مقرونا نحو ولى فالفاء الواو وهو حرف علة واللام الياء وهي حرف علة ايضا والعين اللام وهو حرف صحيح ومثله وَعَى يَعِي وَوَفَى يَفِي وَوَشَى يَشِي وَوَجَى يَجِي وَوَرَى الزَّنْدُ يَرِيهِ وَرْيًا وَوَأَى يَإِي وَأْيًا إِذَا وعده وعدا وَوَخَى يقال وَخَيْتُ وَخْيَكَ اي قصدت قصدك وَوَسَى رَأْسَهُ اي حلقه وَوَهَى يَهِي وَهْيًا وَوَفَى يَفِي وَفَاء فهذا امثلة اللفيف المفروق كما رأيت ثم قال المؤلف

﴿ وَإِمَّا مُضَعَّفٌ وَهُوَ الَّذِي يَكُونُ عَيْنُهُ وَلَامُهُ مِنْ جِنْسٍ وَاحِدٍ نَحْوُ مَدَّ أَصْلُهُ مَدَدَ حُذِفَتْ حَرَكَةُ الدَّالِ الأُولَى ثُمَّ أُدْغِمَتْ فِي الدَّالِ الثَّانِيَةِ ﴾

يعنى ان الفعل ايضا يسمى مضعفا اذا كان عينه ولامه من جنس واحد نحو حب فان اصله حبب فانك ترى عينه باء ولامه كذلك فحذفت حركة الباء الاولى وادغمت الباء فى الباء فصار حب ومثله رَدَّ يَرُدُّ رَدًّا وَعَدَّ المَالَ يَعُدُّ وَكَرَّ يَكِرُّ كَرًّا وَفَرَّ يَفِرُّ فَرًّا وهَبَّ النسيمُ يهبُّ هبًّا ودَرَّتِ النَّاقَةُ درًّا وَهَمَّ بالامرِ يَهُمُّ هَمًّا وَزَمَّ بانفه يزمُّ زَمًّا ودَلَّه على الخير يدُلُّه دلَالَةً ودبَّ يدب دبيبًا وسحَّ المطرُ يسحُّ سحًّا وأَجَّ يإجُّ أَجيجًا وملَّ يملُّ ملَلًا فهذه امثلة المضعف كما رأيت ثم قال المؤلف

﴿ وَالإدغَامُ إِدْخَالُ أَحَدِ الْمُتَجَانسَيْنِ فِي الآخَرِ وَهُوَ عَلَى ثَلَاثَةِ أَنْوَاعٍ ﴾

لما تكلم على تصريف الافعال شرع فى الكلام على الادغام وعرفه بانه

﴿ وَيُقَالُ لِهٰذِهِ ٱلْأَقْسَامُ ٱلسَّبْعَةُ يَجْمَعُهَا هٰذَا ٱلْبَيْتُ

صَحِيحٌ مِثَالٌ مُضَاعَفٌ * لَفِيفٌ نَاقِصٌ مَهْمُوزٌ أَجْوَفُ ﴾

يعني ان الاقسام المتقدمة تسمى الاقسام السبعة وهي التي يجمعها مقولة في البيت المذكور الاول الصحيح وهو السالم نحو نَصَرَ وكَرُمَ والثاني المثال الذي يكون فاؤه حرف علة نحو وَعَدَ وَوَعَى والمضاعف وهو الذي يكون عينه ولامه من جنس واحد نحو رَدَّ وَفَرَّ واللفيف وهو اما مفروق نحو وَلِيَ وَاما مقرون نحو طَوَى والناقص نحو رَمَى وَغَزَى والاجوف نحو قَالَ وَبَاعَ وَصَاغَ والمهموز نحو دَرَأَ وَسَأَلَ وَأَخَذَ وَأَكَلَ فهذه هي الاقسام السبعة

نسال الله ان يقينا من دركات جهنم السبع وان يجعلنا من اهل الفردوس بمنه وكرمه ءامين واسال المعذرة من ذوي الالباب وغض الطرف عن الخطا الواقع في هذه النبذة اليسيرة فاني قصير الباع قليل الاطلاع ٠ وكان الفراغ من تبييض هذه العجالة ليلة الاثنين الثاني والعشرين من اول الربيعين الابركين عام ١٢٩٨ ثمانية وتسعين ومائتين والف من هجرة خلاصة بني ءادم سيدنا محمد عليه افضل الصلاوة وازكى السلام ولا حول ولا قوة الا بالله العلي العظيم

لك حينئذ الضم والفتح والكسر والفتح اولى فتقول لم يَمُدَّ وَلَمْ يَمُدْ وقس على ذلك ما شاكله من الا مثلة ثم قال المؤلف

﴿ اَلنَّوْعُ اَلثَّالِثُ مُمْتَنِعٌ وَهُوَ أَنْ يَكُونَ الأَوَّلُ مِنَ الْمُتَجَانِسَيْنِ مُتَحَرِّكًا وَالثَّانِي سَاكِنًا بِسُكُونٍ أَصْلِيٍّ ﴾

يعنى ان القسم الثالث الممتنع هو الذى يكون اول المتجانسين فيه متحركا والثانى ساكنا سكونا اصليا وذلك نحو قولك مَرَرْنَا وَرَدَدْنَا وَحَبَبْنَا فان سكون الثانى اصلى لان السكون اصل البناء ومنه مَرَدْنَا وَمَدَدْنَا وذلك لان الفعل الماضى اذا اتصل به ضمير رفع متحرك يسكن كراهية اجتماع اربع متحركات فيما هو كالكلمة الواحدة واختلف قيل انه مبنى على السكون وقيل على الفتح المقدر وهو الصحيح ثم قال المولف

﴿ وَإِمَّا مَهْمُوزٌ وَهُوَ الَّذِي يَكُونُ أَحَدُ حُرُوفِهِ الأَصْلِيَّةِ هَمْزَةً نَحْوُ أَخَذَ وَسَأَلَ وَقَرَأَ فَإِنْ كَانَتِ الْهَمْزَةُ فِي مُقَابَلَةِ فَائِهِ يُسَمَّى مَهْمُوزَ الْفَاءِ وَإِنْ كَانَتْ فِي مُقَابَلَةِ عَيْنِهِ يُسَمَّى مَهْمُوزَ الْعَيْنِ وَإِنْ كَانَتْ فِي مُقَابَلَةِ لاَمِهِ يُسَمَّى مَهْمُوزَ اللاَّمِ ﴾

يعنى ان الفعل يسمى مهموزا اذا كان احد حروفه الاصلية همزة نحو اَلَدَّ وَأَخَذَ وَأَلَّ وَسَأَلَ وَقَرَأَ وَكَلأَ ثم ان كانت الهمزة فاءه يسمى مهموز الفاء نحو أَمَّ يَؤُمُّ وَأَلَمَّ يَلُمُّ وازم يازم ازما اي اشتد وان كانت الهمزة عينه سمى مهموز العين نحو سَئِمَ يَسْأَمُ سَئَامَةً وَفَأَمَ يَفْأَمُ فَئَامَةً يقال فأمت الدار اي اوسعتها و زدت فيها وان كانت لامه همزة يسمى مهموز اللام نحو دَرَأَ يَدْرَأُ اذا دفع ومنه ادْرَؤُوا الحدود بالشبهات وظما يظمأ ظَمأً وطرأ يطرأ اذا حدث وَفَقأ يَفقأ فهذه امثلة المهموز ثم قال المولف

فهرست نزهة الطرف فيما يتعلق بمعانى الصرف

فهرست شرح المنظومة الشبراوية

صفحة

صفحة

صفحة

جدول اصلاح الخطأ

صفحة	سطر	خطا	صواب
٣	٣	منهما	منها
٣	٧	فن	امر
٤	٥	بها	به
٤	١٤	والفا	الفا
٦	٥	الميالغة	المبالغة
٦	١٤	ففيل	بفيل
٦	١٦	الذنيا	الدنيا
٧	٤	ربع	رفع
٨	٦	وفضلُ واضِع	وفضلُ واضعً
٨	١٠	عرارضه	عوارضه
٨	١٣	واللمفعول	والمفعول
٨	١٨	نجوهما	نجومها
٨	١٩	وافنحى	وافتحى
٩	١	يا امين	يا امير

صحيفة

صوﺍب	خطـا	سطر	صفحة
انصبْهُ	انصبُهُ	٨	٢٤
نحو لما يفم	نحو يفم	١٧	٢٤
ضمنت	ظمنت	٨	٢٥
ضمنت	ظمنت	٩	٢٥
مهما	مهمى	١١	٢٥
ضمنت	ظمنت	٢	٢٦
ضمنت	ظمنت	٤	٢٦
اينما	ايمنا	٤	٢٦
ضمنت	ظمنت	٥	٢٦
ضمنت	ظمنت	٨	٢٦
مضمر	مظمر	١٣	٢٧
على	عل	١٧	٢٧
فى ٱلأول	فى ٱلآول	٦	٢٩
ءاخرة	ءاخر	١٧	٢٩
مصْدر	مصُدر	٤	٣٠
زيد	زبد	٧	٣١
وللجملة	واللجملة	١٦	٣٢
كالسِّعِلِ	كالشقُلِ	٨	٣٣

صفحة	سطر	خطـــا	صـــواب
١٠	٥	الراري	الرازى
١٠	١٤	فعل	وافعل
١١	١٢	بالجمله	بالجملة
١١	١٤	بكلم	بكلام
١٤	١٣	العرض	العوض
١٤	١٦	محذوبت الكلمة	وحذوبت الجملة
١٥	١	والرمح	والرمح
١٥	٨	بالاسم	وبالاسم
١٥	٩	مثل	مثال
١٦	٣	بالكليه	بالكلية
١٧	٦	ءاخر	الاواخر
١٧	١٤	ضبى	ظبي
١٨	٦	و رائت	و رايت
٢٠	٣	وللجرم	وللجزم
٢١	١٦	احوك	اخوك
٢١	٦	لفظة النون زائدة	
٢١	١٢	للنون	النون
٢١	١٥	ثلاث	ثالث

صفحة	سطر	خطأ	صواب
٦٧	٦	جُنس	جِنس
٦٩	١٩	افتَرَى	افترِى
٧٠	٣	يحمـرُ	يحمـرُّ
٧٠	١٣	واعرَجّ	واعْـوَجّ
٧٠	١٦	من جُنس	من جِنس
٧١	١٣	بزياذة	بزيادة
٧٢	١٤	صالـحّ	صالـحُ
٧٣	١٢	النّالث	الثّالث
٧٣	١٤	وبْنّاؤه	وبنَاؤه
٧٣	١٤	سيـرَا	سيـرّا
٧٤	٦	وخُرُوِ	وخُرْوِ
٧٤	١٤	احميرارّا	احميرارًا
٧٥	٣	المتعدْي	المتعدِّي

صفحة	سطر	خطأ	صواب
٣٦	١٠	ان حببت	ان خببت
٣٧	١٥	ثالثا	ثلاثا
٣٩	٢	يصحك	يضحك
٣٩	١٦	والشك يجامع	والشك لا يجامع
٤١	١٧	بعض	بعد
٤٢	٨	الفاعل غرض	الفاعل من غرض
٤٦	١٥	مركبًّا	مركبًا
٤٩	٥	او شهبه	او شبهه
٥١	٣	الرحال	الرجال
٥٢	٥	مستثنر	مستتر
٥٣	٨	حاصه	خلصه
٥٣	١٣	مستثر	مستتر
٦٠	١	باسم	بسم
٦١	١٠	لفظة يموته بعد قال المؤلف زائدة	
٦١	١٥	وعين	وعن
٦٣	١١	التالث	الثالث
٦٥	٥	أبـو	ابُـو

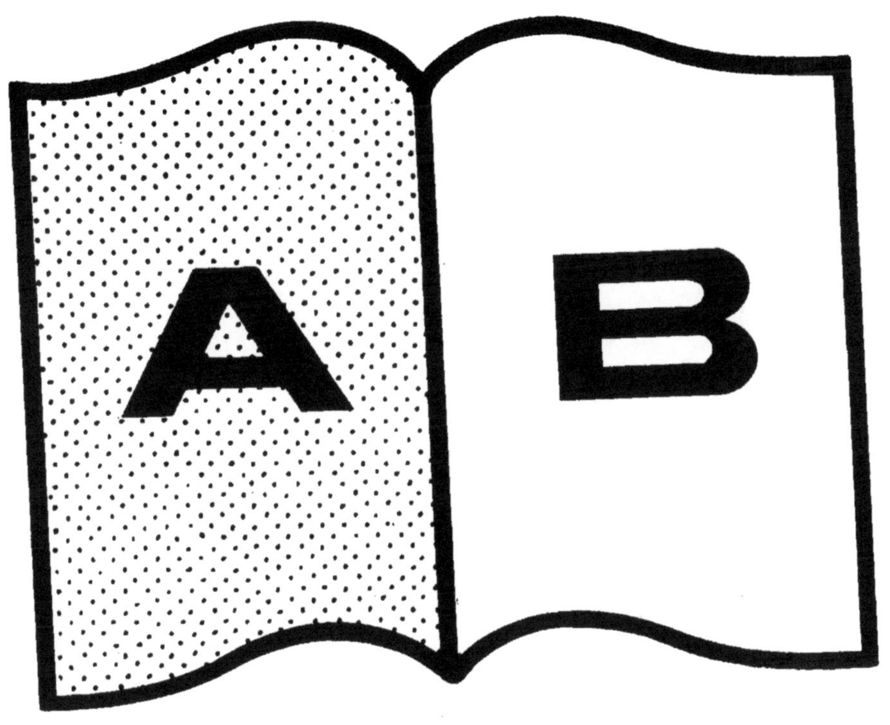

Contraste insuffisant

NF Z 43-120-14

www.ingramcontent.com/pod-product-compliance
Ingram Content Group UK Ltd.
Pitfield, Milton Keynes, MK11 3LW, UK
UKHW021111200726
13857UKWH00003B/1182